용서의 복음

용서의 복음

The Gospel of
Forgiveness

용서의 복음

용서를 실천하는 제자도

하도균 지음

목차

2부 성경에 나타난 용서 이야기

글을 시작하며

코로나를 지나서, 4차산업혁명과 AI시대를 살아가고 있습니다. 이때 우리의 신앙은 어떠한 모습을 지녀야 할까요? 신앙의 방법과 기술, 혹은 획기적인 새로운 패러다임이 필요할까요? 시대가 바뀌어 가고 있는 만큼, 세상과 접촉점을 만들고 세상과 친구 되기 위하여 교회도, 그리고 우리의 삶의 모습도 변화가 필요하겠지만, 신앙에 있어서는 항상 본질이 강조되어야 한다고 믿습니다. 본질은 그 내용이 변화되거나 바뀌면, 의미를 상실하기 때문입니다. 그런데 기독교의 핵심 본질이 '복음'입니다. 복음이 기독교를 존재하게 만들고, 복음으로 세상을 변화시켜 갈 수 있기 때문입니다. 본 저서는 '복음'을 용서의 관점에서 바라보고, 용서의 의미를 더 깊고 풍성하게 제시하였습니다. 그래서 제목을 '용서의 복음'이라고 하였습니다.

예수께서 이 땅에 오셔서 십자가에서 희생당하신 이유는, 죄 된 인간을 용서하여 구원하고 세상을 구원하시기 위함입니다. 한마디로 십자가는 하나님의 용서라는 의미를 담고 있습니다. 예수님의 십자가를 통하여 죄가 사해지고, 하나님과 관계가 회복되며, 하나님 나라를 누릴 수 있기 때문입니다. 인간이 죄짓고 타락한 후, 하나님은 죄지은 인간을 용서하시기로 작정하셨습니다. 그냥 죄값으로 죽도록 내버려 둘 수 없었기 때문입니다. 이렇게 보자면, 용서란 기독교에서 가장 중요하게 다루어야 할 핵심 주제입니다. 복음의 기쁜 소식 역시, 하나님께서 우리의 죄를 용서하시기 위해 독생자 아들을 보내주시고 십자가에서 희생하게 하심으로 용서를 통한 화해의 길이 열렸다는 사실입니다.

그런데도 그리스도인들 가운데에는 용서를 기독교의 윤리 정도로만 알고 있는 사람들이 있습니다. 기독교 윤리의 주제로서 용서도 중요하지만, 용서는 하면 좋고, 안 해도 되는 내용이 아닙니다. 반드시 하나님께 용서받고, 세상을 용서하며 살아야 합니다. 그것이 성경의 핵심 내용입니다. 그래서 예수님은 베드로에게 "일곱 번씩 일흔 번이라도 용서하라"고 말씀해 주셨습니다. 한없이 용서하며 살아야 한다는 것입니다. 그렇다면 용서의 관점에서 복음의 내용을 어떻게 신앙적으로 체계화시킬 수 있는지, 그리고 어떻게 실천해 나갈 수 있는지를 본 저서에 서술하였습니다.

1부에서는 용서에 관한 신앙적이고 신학적인 내용을 체계화하려 노력하였으며, 2부에서는 성경의 본문을 중심으로, 용서를 적용하고 해석함으로 그 안에 담겨 있는 용서의 요소들을 드러내고 강조하려고 노력하였습니다. 모쪼록 본서를 통하여 용서를 보는 지평이 더 넓어지고, 복음의 의미가 깊고 풍성하게 이해되며, 우리의 삶 속에서 용서를 실천하는 삶이 정착되기를 기대해 봅니다.

2024년 5월 25일 성주산 기슭에서

제 1 부

복음의 핵심으로서 용서

제1강

구속사와 하나님의 용서

"서로 친절하게 하며 불쌍히 여기며 서로 용서하기를 하나님이 그리스도 안에서 너희를 용서하심과 같이 하라"(엡 4:32)

"누가 누구에게 불만이 있거든 서로 용납하여 피차 용서하되 주께서 너희를 용서하신 것 같이 너희도 그리하고"(골 3:13)

우리는 용서를 기독교 윤리의 중요한 내용 중에 하나라고 생각할 수 있다. 그렇다! 용서는 기독교 윤리의 중요한 주제이다. 그러나 용서를 기독교 윤리의 주제로만 취급한다면, 기독교의 핵심을 정확하게 이해하지 못할 수 있다. 용서는 성경의 근간을 이루는 복음의 핵심 내용이기 때문이다. 해도 되고 안 해도 되는 것이 아니다. 기독교의 핵심 진리이기 때문이다. 일곱 번씩 일흔 번이라도 용서하라고 하면 해야 한다. 그리고 형제를 용서하라고 하면 반드시 해야 한다. 그렇다면 그 근거를 어디서 찾을 수 있는가?

먼저, 복음의 핵심 내용인 예수 그리스도의 십자가가 죄지은 인간을 용서하시기 위한 하나님의 방법이었기 때문이라고 할 수 있다. 십자가는 죄지은 인간을 용서하기 위한 하나님 방법이다. 그러므로 용서를 이해하지 못하면서 복음을 정확하게 이해할 수 없다. 단지 십자가의 문자적이고 영적인 의미만을, 그리고 예수 그리스도 부활의 신앙적인 의미만을 추구하여 복음을 구성하고 이해할 수 없다. 복음은 '죄지은 인간을 용서하신다는 기쁜 소식'이 핵심이기 때문이다.

다음으로, 구약의 핵심 주제라고 할 수 있는 '슈브(שׁוּב)'라는 히브리어는 '여호와께로 돌아오라'는 의미를 담고 있으며, 이것은 용서를 위하여 당신의 백성을 기다리시는 아버지의 마음을 표현한 단어이다. 이 단어가 신약에 와서는 헬라어로 '메타노이아'($\mu\varepsilon\tau\acute\alpha\nu o\iota\alpha$) 즉, '회개하라'는 단어로 교체되어 사용되었다. 이 단어는 세례 요한의 주된 메시지의 내용이었고, 세례 요한의 뒤를 이어 예수님께서 공생애에 첫 번째로 외치신 메시지도 이것이었다. 이렇게 볼 때, '용서'를 제쳐 두고 기독교를 말할 수 없다. '용서'는 기독교 복음의 핵심 내용이며, 기독교 윤리의 중요한 주제이기도 하다.

용서의 공식

용서에는 공식이 있다. 수학도 아닌데 공식이 있다는 것이 신기할 수 있지만, 공식이라는 단어가 어색하다면 '법칙'이라는 단어로 바꾸어 사용해도 좋을 것 같다. 실제로 이것이 필요한 것은, 진정한 용서를 경험하기 위한 것이다. 특별히 기독교가 사랑을 바탕으로 한 용서의 종교라고 알려지다 보니 용서에 관한 오해들이 많이 생겨나기도 한다. 피해자는 용서하지도 않았는데, 가해자가 일방적으로 하나님께 기도하여 용서를 구함으로 용서를 받았다고 생각하는 경우가 대표적이다. 밀양이라는 영화에 나오는 이야기가 예가 될 수 있다. 자기식의 회개를 했지만, 하나님과의 화해가 일어나지 않았기 때문이다. 화해라는 결과가 없는 용서는 진정한 용서가 아니기 때문이다. 그렇다면 진정한 용서를 경험하기 위하여 어떠한 과정이 필요하며 어떠한 일이 일어나야 하는가?

먼저, 용서를 위해서는 가해자와 피해자가 구분되어야 한다. 가해자와 피해자의 구분 없이는 용서가 진행될 수 없다. 가해자가 스스로 가해자임을 인정하고 자신이 용서를 구해야 할 대상이라는 것이 인지되지 않고 어떻게 용서가 일어날 수 있겠는가? 기독교의 회심에 있어서도 마찬가지다. 인간이 스스로 죄인임을 인지하고 용서를 받아야 할 대상임을 자각하지 않고는 하나님의 용서를 경험할 수 없다. 진정한 회심이 발생하지 않는다. 그러므로 기독교 회심에는 성령께서 역사하셔서, 복음을 듣는 각 사람에게 '죄에 대한 책망'을 통하여 자신이 죄인임을 깨닫게 하신다. 이러한 성령의 역사 없이는 진정한 회심이 일어나지 않는다.

다음으로, 가해자와 피해자가 구분되었으면, 피해자는 가해자를 용납해 주어야 한다. 즉 가해자의 죄를 그 죄값 대로 처벌하지 않고, 있는 모습대로 받아주는 행위가 있어야 한다. 이것이 힘들고 어렵지만, 피해자가 이러한 결단으로 가해자를 용납하지 않으면 용서란 일어날 수 없다. 그렇다면, 가해자는 무엇을 해야 하는가? 자신이 행한 일에 대한 회개가 있어야 한다. 즉 뉘우치고 그 죄에서 돌아서는 행위가 필요하다. 이렇게 피해자의 용납과 가해자의 회개가 서로 충족되었을 때, 화해가 일어난다. 화해는 용서의 열매이다. 여기서 중요한 것이 있다. 화해가 일어나야 진정한 용서가 일어난 것이라고 볼 수 있다. 화해가 없다는 것은, 가해자의 회개가 충분치 않았던지, 아니면 피해자의 용납이 부족했을 때, 용서라는 형식만 갖춰진 채, 어떠한 결과도 일어나지 않은 상태라고 볼 수 있다. 성경에서 보자면, 죄인인 우리가 하나님과 화해했을 때, 그곳에는 하나님의 은혜가 있다. 기쁨이 있고 평안이 있으며 감사와 소망도 생겨난다. 하나님과의 화해가 하나님 나라를 경험하는 시작이다. 하나님께서 화해된 자에게, 그리고 그 장소에 임재하시고 통치하시기 때문이다. 그러므로 하나님 나라에서 경험할 수 있는 정서들이 경험되기 시작한다.

용서의 공식의 적용

용서의 공식을 성경에 적용해 보자. 먼저 창세기 3장을 보면, 하나님 나라의 질서를 깨뜨리고 하나님 마음을 아프게 한 가해자는 인간이다. 죄를 지었다는 표현은 '내가 하나님처럼 되고 싶다'는 인간 욕망의 실천이며, 그렇기에 하나님께서 주인으로 통치하고 계시던 에덴 동산의 질서가 깨어지고 무너지게 되었다. 그렇다면 피해자는 누구인가? 하나님이시다. 분명히 하나님은 창세기 2장에서 아담과 하와에게 동산 중앙에 있는 열매를 따 먹지 말라고 경고하셨지만, 인간은 '하나님처럼 된다'는 유혹에 넘어가 하나님의 경고를 무시했으며, 그 결과 선악과를 따먹고 하나님을 무시하였다.

이제 용서는 어떻게 일어나야 하는가? 하나님의 용납과 인간의 회개, 그리고 이것이 충족된 결과로 주어지는 하나님과의 화해를 경험할 때 용서가 완성된다. 그런데 성경을 보면, 인간을 죄를 짓고 나서 곧바로 하나님은 인간을 용서하시기 위하여 찾아가셨다(창세기 3장 8절 이후를 참조하라). 죄지은 인간을 용납하시겠다는 것이다. 그러나 죄인인 인간은 하나님께 회개하지 않았다. 그 결과 에덴에서 쫓겨난 것이다. 하나님은 언제나 죄인이 회개만 한다면 용납하시기로 작정하셨다. 그러므로 하나님과의 화해라는 용서의 결과는 전적으로 우리의 결단에 달려 있다. 하나님은 언제나 용납의 문을 여시고 우리가 회개하여 돌아오기만을 기다리고 계시기 때문이다.

이 내용이 정확하게 표현된 곳이 누가복음 15장의 일명 '탕자의 비유'이다. 여기에 보면, 아버지는 아들이 집을 나간 뒤부터 돌아오기만을 기다리신다. 죄를 짓고 아버지 마음을 아프게 하고 나갔지만, 돌아오기만 하면 받으시고 다시 화해하시겠다는 것이다. 이제 탕자의 결단만 남았다. 탕자는 인생의 밑바닥에서 아버지를 떠올리며 아버지께로 돌아갈 것을 결심한다. 그리고 아버지께 가서 "하늘과 아버지께 죄를 지었다"고 고백하였다. 아버지는 이미 그 아들이 돌아오기만을 기다리셨으니, 미리 용납하신 것이다. 아들이 돌아오기만 하면 된다. 그런데 그 아들이 돌아와서 죄를 고백하였으니 화해가 일어난 것이다. 그 화해의 결과 아버지는 잔치를 벌여 화해의 증표로 삼으셨다. 그렇기에 구약의 선지자들과 하나님의 사람들은 '여호와께로 돌아오라'고 외쳤다. 이것이 중심 주제였다. 돌아오기만 하면 된다. 아버지는 이미 용서하시기로 작정하셨기 때문이다. 그리고 신약에 가서도 그 내용을 이어받아 '회개하라'고 외치며 신약의 문을 연 것이다. 이렇게 볼 때,

어찌 기독교가 용서의 종교라고 하지 않을 수 있겠는가?

용서하시는 하나님

하나님은 용서하시는 하나님이시다. 그렇기에 사랑의 하나님이시기도 하다. 용서는 사랑을 바탕으로 하기 때문이다. 사랑하는데 용서하지 않는다면, 그것은 진정으로 사랑하는 것이 아니다. 또한 용서했는데 사랑하지 않는다면, 그것 역시 진정한 용서라고 할 수 없다. 그렇기에 용서와 사랑은 동전의 양면과 같다. 성경에서 "하나님은 사랑이시라"고 고백하였을 때, 그것은 곧 '용서하시는 하나님'이라는 의미와도 같다. 왜냐하면, 사랑의 대상이 잘못한 것을 용서하지 않는 사랑은 진정한 사랑이 아니기 때문이다. 그러므로 하나님이 용서하시기 때문에 우리도 용서한다. 우리가 용서하는 것은 하나님이 하시는 용서의 메아리와 같다. 우리가 하는 용서를 이해하려면, 하나님이 하시는 용서에서 시작하여야 한다. 사람들은 하나님을 재판관으로, 또는 맹목적인 사랑을 하는 할아버지로 생각하는 경향이 있지만, 하나님은 두 가지 성품을 모두 충족시키시는 분이시다. 그렇기에 당신의 정의를 충족시키시고, 사랑하여 용서하시는 일에 최선을 다하시며, 우리로 하여금 그 일에 헌신하게 하신다. 성경은 용서의 책이라고 해도 과언이 아니다. 이제 우리는 복음의 핵심 본질로서 용서를 다루려고 한다. 그렇기에 십자가와 용서, 사랑을 묶어서 설명하려 한다.

최초의 용서와 복음

　최초의 용서를 이해하기 위하여, 창세기 1-3장으로 가보자. 성경의 처음 이야기는 하나님의 창조 이야기이고, 인간의 죄로 그 창조의 질서가 깨어진 이야기이다. 그러나 그것에서 끝나는 것이 아니라, 하나님은 당신과 관계를 깨뜨린 인간을 찾아가셔서 당신의 사랑과 용서를 받아들일 기회를 주신다. 이것이 복음이다. 용서가 없이는 하나님과의 관계가 정립될 수 없기 때문이다. 성경은 하나님이 용서하신 것처럼 우리도 용서해야 한다고 한다. 그렇다면 최초의 하나님은 우리를 어떻게 용서하셨는가?

　인간이 죄를 지었다는 것은, 하나님처럼 되려 한, 즉 하나님의 자리에 내가 올라서려고 한, 너무 큰 반란이다. 이것은 하나님과의 모든 관계를 깨뜨려 버렸고, 본질상 하나님의 진노 대상이 되게 만들었다. 이제 인간에게는 어떠한 희망도 소망도 바람도 가질 수 없었다. 바로 그때 피해자인 하나님께서 가해자인 인간을 찾아오셨다. 감히 용서를 구하기도, 바리기도 어려운 상황에서 하나님께서 일방적으로 찾아오신 것이다. 용서하시기 위하여, 회복하시기 위하여 찾아오신 것이다. 이것이 복음이다! 그런데 인간을 찾아오신 시간도 너무 감동이다. 성경에 보면, "그들이 그날 바람이 불 때"라고 기록하였다. 여기서 "그날"이란 특정한 날이다. 히브리어에서도 정관사가 사용되었다. '날'(day)을 의미하는 '욤'(יום)이라는 단어 앞에, 정관사 '하'(ה)가 붙어서 '하욤'(היום)

이라는 단어로 사용되었기 때문이다. 그렇다면 하나님이 찾아오신 날은 어떠한 날인가? 성경 문맥 앞뒤를 살펴볼 때, 연관 지을 수 있는 시간은 하나이다. 바로 아담과 하와가 선악과를 따먹고 죄지은 날이다. 그런데 하나님은 바로 그날 찾아오신 것이다. 용서를 위하여 찾아오심에 있어서 지체함이 없었다. 한시라도 죄지은 인간을 그대로 내버려 둘 수 없었음이 하나님의 마음이었다. 용서를 통하여 관계를 회복하고자 함이 하나님의 목적이셨다.

하나님이 던지신 질문과 용서

죄지은 인간을 찾아오신 하나님은 죄인에게 세 가지 질문을 던지신다. 첫째, "네가 어디 있느냐?" 둘째, "누가 너의 벗었음을 알렸느냐? 내가 먹지 말라 명한 그 나무 열매를 네가 먹었느냐?" 셋째, "네가 어찌하여 이렇게 하였느냐?" 하나님은 답을 아시지만, 질문을 던지셨다. 첫 번째 질문을 통하여, 하나님은 아담과 하와가 죄인이라는 존재론적인 인식을 하도록 만드셨다. 아담과 하와는 원래 하나님을 피해 숨어서 살았던 존재가 아니기 때문이다. 하나님이 그들을 찾아오심이 기쁨이고 행복이었다. 그러나 하나님의 첫 번째 질문을 듣고, 하나님을 피해 숨어 있는 자신들의 현존을 바라보며, 이것이 죄지은 까닭임을 알게 하셨다. 그리고 그 깨달음을 통하여 하나님께 나올 수 있는 기회를 허락하셨다. 깨달음은 회복의 기회이기도 하기 때문이다.

두 번째 질문을 통하여, 하나님은 그들 자신들로 하여금 죄를 훨씬 더 선명하게 직면할 수 있도록 만들어 주셨다. 이 질문은 죄지은 아담과 하와의 마음을 송곳처럼 아프게 찔렀을 것이다. 이것이 죄의 자각이다. 죄의 자각이 없이는 회개할 수 없기 때문이다. 그러나 죄의 자각이 모두 회개로 결론을 이끌어 가는 것은 아니다. 많은 사람의 경우에 있어서, 변명과 자기 부인으로 이어지기도 한다. 최초의 인간인 아담과 하와가 그러했다. 아담은 "하나님 주셔서 나와 함께 있게 하신 여자 그가 그 나무 열매를 주므로 내가 먹었나이다"라고 변명을 늘어놓았다. 하나님께도 책임이 있다는 것이다. 이것이 죄의 나쁜 결과이다. 책임을 전가하고, 타인을 자기의 일에 끌어들이는 것이기 때문이다. 아담과 하와는 죄의 자각을 변명과 책임의 전가라는 나쁜 결과로 이끌고 갔지만, 하나님은 이 질문을 통하여 그들이 죄를 다시 돌아보고 회개할 수 있는 시간을 허락하신 것이다. 이것이 용서의 기회이다. 하나님은 아낌없이 용서하시기로 작정하셨어도, 용서가 성립되기 위해서는 가해자가 자신의 죄를 인정하고 동의하며 뉘우쳐야 가능하다. 이이야기를 근거로, '나는 용서하려고 했지만, 가해자가 뉘우치지 않았기에 용서하지 않았다'는 주장은 용납될 수 없다. 왜냐하면, 하나님은 죄지은 인간이 하나님의 기회를 받아들이지 않고 변명하였을 때, 당신의 용서를 철회하지 않으시고, 그들을 향한 사랑을 포기하지 않고 기다리셨기 때문이다.

마지막으로, 하나님은 그들에게 세 번째 질문을 던지심으로 다시 아담과 하와가 그들의 죄를 향하게 하셨다. 하나님이 우리로 하여금 우리가 지은 죄를 향하게 하시고 그 죄를 드러내실 때, 우리 입장에서는 힘들고 어렵지만, 그때가 기회이고, 그때가 용서받을 때이다. 그러나 최초의 인간은 그렇게 하지 않았다.

심판과 용서

용서의 기회를 주셨지만, 그 기회를 받아들이지 않았던 인간은 하나님의 심판을 받게 되었다. 용서의 기회를 상실하면 죄값에 대한 하나님의 심판이 있음을 보여주는 대목이다. 하나님은 공의와 정의의 하나님이시기도 하기 때문이다. 먼저, 인간을 유혹하여 죄를 짓도록 만든 뱀을 먼저 심판하셨는데, 뱀은 그의 머리가 상하게 될 것을 예언하셨다. 이는 사단의 나라가 무너질 것을 선포하신 것이다. "뱀의 머리가 상하게 된다"는 표현은 비유적이다. 여기서 뱀은 사단을 상징한다고 할 수 있다. 그렇기에 뱀에게 머리가 치명타이듯이, 사단의 핵심부가 무너져 오합지졸이 될 시간이 올 것임을 선포하신 것이다. 나중에 오실 메시아가 하실 일이다. 그리고 인간에게는, 임신의 고통과 땅의 저주와 평생 수고의 소산을 먹게 될 것이라고 하시며, 에덴동산에서 쫓으셨다. 이것이 창세기 1-3장에서 확인할 수 있는 인류 최초의 죄와 그에 대한 하나님의 대응이다. 하나님은 용서하시기로 하셨지만, 그 용서를 받아들이지 않은 죄인에게는 심판을 내리되, 궁극적인 최후의 심판이 있기까지는 언제든지 돌아와 회복될 수 있는 시간을 주셨다. 다만 하나님과의 영원한 관계가 깨어졌기에, 인간의 수명에 한계를 갖고 있음을 알아야 하며, 인간이 회복될 수 있는 방법으로, 메시아 예수 그리스도를 보내주실 것을 약속하셨다. 그리고 아담과 하와를 파괴하게 만든 사단에게는 그 나라의 파멸을 선포하셨다.

여기서부터 하나님 용서의 여정이 시작되었다. 인간은 용서받지 않으면 살아갈 수 없는 존재라는 점이 여기서 명확해졌다. 그러나 죄의 영향력을 무시할 수 없는 것은, 인간에게 용서의 기회가 주어져도 죄지은 인간은 변명과 죄의 전가를 통하여 그 기회를 무산시킬 수 있음을 살펴보았기 때문이다. 하지만 분명한 것은, 죄지은 인간을 향한 하나님 최초의 심판은, 인간을 멸망시키는 것이 목적이 아니라, 용서의 기회를 허락하신 것, 즉 인간에게 또 하나의 용서를 받아들일 수 있는 기회를 제공한 것이다. 그 심판이 궁극적인 심판이 아니기 때문이며, 회복을 위한 메시아를 약속하셨기 때문이다. 심판이 목적이었다면, 아마도 이때 최후의 궁극적인 심판이 주어졌을 것이다. 그러나 이때 주어진 심판은, 용서를 위한 깨달음과 기회를 주신 하나님의 또 하나의 은혜의 방편이었다고 할 수 있다.

레위기 제사 제도에 나타난 하나님의 용서

이스라엘 백성들이 구약 시대에 하나님께 올려드린 제사도 용서의 방편이었다. 레위기에 보면, 죄인인 인간이 하나님 앞에 나올 때와 삶 속에서 죄를 범한 자가 하나님으로부터 용서받기를 원할 때 밟아야 하는 제사의 절차를 기록하였다. 여기에서 본다면, 하나님은 아담과 하와가 하나님의 용서를 거부하였음에도, 용서받을 수 있는 길을 열어놓으심으로, 비록 한계를 가지고 세상에서 살아가지만, 그 한계를 이겨 나가며 하나님의 일에 동역자로서 함께할 수 있는 길을 열어놓으신 것이다. 이렇게 볼 때, 레위기는 하나님의 죄 용서와 회복에 관한 가이드북이라 할 수 있다. 그렇기에 레위기의 핵심은, 죄 용서를 통한 거룩한 삶에 대한 요청이라고도 할 수 있다. 그런데 여기서 주목할 것은, 레위기에서도 하나님은 죄인을 용서할 때 조건 없이, 어떠한 절차 없이 용서하지 않으신다는 것이다. 그래서 죄인들은 하나님의 용서를 받기 위하여 제사드려야 했다.

레위기에 나오는 5대 제사는 '번제, 소제, 화목제, 속죄제, 속건제'이다. 여기서 번제와 소제, 그리고 화목제는 자발적으로 드린 제사지만, 속죄제와 속건제는 하나님과 세상적인 관계에서의 죄 사함, 즉 용서와 밀접한 관계가 있었다. 고의적이든 그렇지 않든지 죄를 지었을 경우 드렸던 속죄제와 재산상의 손해를 입힌 죄를 지었을 경우 드렸던 속건제는 기본적으로 하나님의 죄 용서함을 받기 위한 제사였다. 그렇다면 하나님은 죄를 지은 인간이 하나님의 용서를 받기 위하여 왜 번거로운 절차를 밟게 하셨을까? 속죄제의 경우, 죄인은 동물을 가지고 와서 제사장 앞에서 안수하고 자신의 죄를 전가하고 도살하여야 했다. 속건제도 마찬가지이지만, 속죄제와 속건제는 모두 피의 제사였다(속죄제의 경우, 가난한 자들은 곡물로 제사를 드릴 수 있었다). 이것은 적어도 죄인이 그러한 절차를 거치면서 많은 생각을 하게 하기 위함이 목적이었을 것이다. 먼저는 자신의 죄를 직시할 수 있도록 하셨다. 특별히 제물을 도살하는 과정에서 자신의 죄가 얼마나 끔찍한 것인가를 돌아보게 한 것이다. 하나님은 죄인을 무조건적으로 용서하지 않으신다. 제사를 지내며 회개할 때, 비로소 죄 용서함을 받을 수 있었다. 이것이 하나님의 법이고 원칙이다.

구약 선지자들의 핵심 주제 - 이스라엘아! 돌아오라!

이상의 내용에서 살펴볼 수 있듯이, 용서를 위한 하나님의 마음을 알았던 구약의 하나님의 사람들, 특히 선지자들은 끊임없이 이스라엘 백성을 향하여 외쳤다. '이스라엘아! 돌아오라!' 이것을 히브리어로 하면, '슈브, 이스라엘!'이었다. 이 외침이 구약 선지자들의 핵심 외침이었다. 하나님과의 관계에서 끊임없이 멀어져 가는 당신의 백성을 향하여, 하나님은 선지자들을 통하여 '돌아오라'는 메시지를 외치게 하셨던 것이다. 이것은 용서의 외침이다. '나는 용서하기로 작정하였으니, 너희가 나에게로 돌아오기만 하면 된다'는 것이다. 이렇게 보자면, 구약 성경 전체는 하나님의 용서를 끊임없이 선포하고 있으며, 그것이 성경의 핵심 내용이 된다고 할 수 있다. 창세기의 시작부터 하나님의 용서가 나타나며, 마지막 말라기 선지서에서도 돌아오라는 메시지로 마치고 있기 때문이다.

이렇게 보자면, 우리가 숨을 쉬고 있는 한, 그리고 살아있는 한, 우리가 용서받을 수 있는 기회는 있다. 우리가 하나님과 회복될 기회는 있다. 지금 내 삶이 아무리 힘들고 어렵더라도, 하나님의 용서를 경험하며 그 결과로 주어지는 화해 속에서 하나님의 은혜를 경험할 수 있다면, 우리는 넉넉히 이 땅에서 살아갈 수 있다. 구약의 '슈브'(שוב)라는 외침은 신약의 '메타노이아'(μετάνοια), 즉 '회개하라'는 단어로 계승되어 선포되었으며, 이 외침으로 신약이 시작하고 있다는 것은 중요한 의미를 담고 있다. 신약 역시 용서가 성경의 핵심 주제임을 나타내 주고 있는 것이기 때문이다. 하나님의 주된 관심은 죄짓고 관계가 멀어진 사람들이 회개하고 돌아와서 다시금 하나님과의 관계를 회복하고 하나님 나라를 완성하며 창조의 목적을 성취하며 살아가는 것이다.

제 2 강
예수님이 가르치신 용서
- 예수님의 핵심 메시지 -

"그 때에 베드로가 나아와 이르되 주여 형제가 내게 죄를 범하면 몇 번이나 용서하여 주리이까? 일곱 번까지 하오리까? 예수께서 이르시되 네게 이르노니 일곱 번뿐만 아니라 일곱 번을 일흔 번까지라도 할지니라"(마 18:21-22).

"우리가 우리에게 죄 지은 자를 사하여 준 것같이 우리 죄를 사하여 주시옵고"(마 6:12)

"너희는 스스로 조심하라 만일 네 형제가 죄를 범하거든 경고하고 회개하거든 용서하라 만일 하루에 일곱 번이라도 네게 죄를 짓고 일곱 번 네게 돌아와 내가 회개하노라 하거든 너는 용서하라 하시더라"(눅 17:3-4).

신약성경에는 복음서를 중심으로 예수님의 용서에 대한 가르침이 많이 등장한다. 용서가 성경의 핵심 내용이기에, 구약에 나타나는 용서의 흐름을 그대로 이어가고 있지만, 신약에 나타나는 용서는 그 범위가 넓다. 구약이 하나님과의 관계 안에서 용서를 강조하고 있다면, 신약의 복음서에서는 하나님의 관계와 이웃과의 관계에서 그 용서를 실천할 것을 강조하여 말씀하고 있기 때문이다. 하나님께서 구약의 이스라엘과 맺어주신 시내산 언약이 실천되지 않아 열방에 제사장 나라로서 역할을 감당하지 못하였지만, 신약시대에는 그 한계를 뛰어넘어 세상 속에서 그리스도인들이 어떻게 살아가야 할 것인가를 명확히 인식하고 실천하며 살아가야 하기 때문이다. 그렇기에 예수님은 자신의 공생애 최초의 말씀을, 구약의 용서 맥락을 연결하여, 용서에 관한 말씀으로 시작하신다. "회개하라! 천국이 가까이 왔느니라"(마 4:17)라는 메시지가 그것이다.

본 장에서는 복음서에서 예수님이 용서에 관하여 말씀하신 세 가지 비유를 통하여 그 핵심을 점검하고, 강조하는 바를 정리하며, 어떻게 용서를 실천하며 살아야 할지를 제시하고자 한다. 먼저 첫 번째 비유인 '돌아온 아들'(눅 15장)의 비유는 구약의 용서 개념이 그대로 신약으로 이어져 있다는 것을 확인해 주고 있다. 시간이 흐르고, 언약에 순종하지 못하였어도, 용서에 관한 아버지의 마음과 태도는 변하지 않았음을 다시 확인시켜 주고 있다. 두 번째 비유인 '용서할 줄 모르는 종의 비유'(마 18:21-35)에서는 구약의 용서와 신약의 용서가 어떻게 다른지, 무슨 차이가 있는지를 보여준다. 세 번째 비유인 '선한 사마리아인'의 비유에서는 이웃을 사랑하며 용서를 실천하는 삶에 대해서 가르쳐 준다. 구약 율법의 핵심인 '하나님 사랑과 이웃사랑'에서 구체적으로 이웃을 어떻게 정의하며 그 이웃을 사랑하는 것이 어떠한 것인지, 왜 하나님은 이웃을 사랑하라고 하시는지 그 이유가 제시된다. 첫 번째 비유에서는 '용서에서 중요한 사랑'이 강조되고 있고, 두 번째 비유에서는 '용서에서 중요한 은혜'가 강조되며, 세 번째 비유에서는 '용서와 연관된 이웃사랑의 실천'이 강조된다.

회개하라 – 신약 최초의 용서에 관한 말씀

마태복음을 보면, 세례 요한이 회개하라는 메시지를 외친 후, 옥에 갇혀 더 이상 이 메시지를 전하지 못하게 되었을 때, 예수께서 그 메시지의 바톤을 이어서 선포하셨다. "회개하라 천국이 가까이 왔느니라" 그리고 이것이 예수님 공생애 최초의 메시지가 되었다. 말라기 이후로 예수님이 오실 때까지, 400년이라고 하는 긴 시간이 걸렸다. 이스라엘 백성들도 메시아를 기다렸고, 하나님도 그 아들을 보내서 이 땅을 고치시고 회복하시기를 원하셨다. 그런데 그렇게 메시아를 기다렸던 이스라엘 백성 앞에 이 땅을 회복하러 오신 예수님의 입에서 선포된 첫 번째 메시지는, 어떻게 보면 이정표와 같은 메시지이며, 예수님 사역의 방향 설정이라고 할 수 있고, 신앙의 목표라고 할 수 있으며, 이 메시지 안에 기독교의 핵심이 담겨있다고 할 수 있다. 그리고 이 메시지가 있어야, 예수께서 이 땅에 오신 목적을 이루어 갈 수 있다고 말할 수 있다. 회개하라는 것은, 하나님의 용서를 받고 새로운 하나님 나라의 백성이 되라는 것이다. 이것은 하나님의 용서를 선포하신 것이다. 예수를 믿는다는 것은, 교회만 왔다 갔다 하는 것이 아니라, 회개하여 하나님의 나라를 경험해가는 것이다.

심판

그런데 예수께서 선포하신 회개의 메시지는 심판을 포함하고 있다. 마치 창세기에서 하나님의 용서를 받아들이지 않았던 아담과 하와에게 심판을 선언하신 것과 같다. 이것은 마태복음 3장의 세례 요한 메시지에 분명히 나타나는데, 예수께서는 세례 요한의 메시지를 이어서 선포하신 것이기에, 그 기조가 같다고 볼 수 있다. 여기에서 우리가 깨달아야 할 것이 있다. 하나님의 용서를 받아들이면, 하나님 나라를 경험하며 살아갈 수 있지만, 받아들이지 않는다면, 하나님의 심판을 면할 수 없다는 것이다. 회색지대, 중간 지대는 없다. 회개는 하나님 나라와 심판의 중간에 놓여 있다고 할 수 있다. 그러므로 회개는 해도 되고 안 해도 되는 것이 아니라, 반드시 해야 한다. 그렇다면 회개하지 않을 때 경험하게 되는 하나님의 심판은 어떤 것인가? 미국에서는, 공공연하게, 복음주의적인 목사님들조차도 지옥이 없다고 말하는 목사님들이 있다고 한다. 그러나 회개하지 않으면 심판이 있다. 그 심판은 궁극적인 멸망의 심판이다. 요한복음 3장 16절에 나타나 있다. 이 심판은 창세기에 나타난 삶에 어려움에 관한 심판이 아니다. 기회를 주신는 심판이 아니다. 이제는 궁극적인 멸망에 이르는 심판이다. 그래서 예수님께서 십자가와 함께 골고다 언덕으로 올라가실 때, 자신을 보면서 울며 따라오는 여인들에게 "예루살렘의 딸들아 나를 위해서 울지 말고, 너희와 너희 자녀를 위하여 울라"고 말씀하셨다. 하나님의 심판이 있기 때문이다(눅 23: 28-31).

첫 번째 비유: 탕자의 비유 – 용서하시는 아버지(눅 15:11-32)

일명, 탕자의 비유로 알려진 이 내용은 복음의 핵심 내용을 담고 있는 이야기이다. 그런데 이 이야기가 용서에 초점을 맞추고 있다는 사실을 아는가? 이 이야기의 발단은, 둘째 아들이 아직 살아있는 아버지께 자신의 돌아올 유산을 미리 요구한데 있다. 유산은 보통 이 집처럼, 아들이 둘이 있을 때 첫째 아들에게 2/3가 돌아가고, 둘째에게는 1/3이 주어졌다. 그런데 보통은 아버지가 죽은 후, 상속되는 것이 일반적이었다. 특별한 이유가 없이는 말이다. 그런데 둘째 아들은 자신을 위하여 아버지께 재산 상속을 요구한다. 이것은 창세기에 나타나는 인간의 타락을 연상케 한다. 인간에게 주어진 자유의지를 그릇 사용하게 될 때, 인간은 실패를 경험하기 때문이다. 성경은 인간의 본질적인 실패, 곧 인간의 속성과 성품 안에 들어 있는 선천적인 불순종, 반역, 타락, 부패, 허물, 그리고 결함을 한마디로 죄라고 표현한다. 지금 둘째 아들은 그러한 모습을 보여주고 있다. 아버지 없이 나 혼자 살 수 있다고 하는 점, 내 삶에는 한계가 있지만, 누구에게도 종속되지 않고 간섭받지 않으며 독립적으로 살아가려고 하는 점이 그것이다.

그런데 여기서 중요한 것이 있다. 그것은 이미 마음에 결심하고 아버지께 유산을 달라고 하는 아들은 타이르고 말린다고 이야기를 듣지 않는다는 것이다. 그렇게 들을 수 있는 아들이라면, 일방적으로 선포하기 전에 먼저 아버지와 상의하였을 것이다. 그러나 아들은 자신의 마음을 일방적으로 선포하였다. 그러한 아들은, 자신의 아버지가 어떠한 분이신지 알기 위해서, 진리를 깨닫기 위해서는, 떠나봐야 안다. 성경에서, 떠남의 이야기가 그렇게 많이 나오는 이유도 여기에 있다. 이것이 아버지이신 하나님이 당신의 자녀들을 다루시는 인격적인 방법이다. 우리가 인격적인 결단을 하고 돌아오기를 기다리시는 것이다.

아버지를 떠난 아들은 자신에게 주어진 몫을 허랑방탕하게 낭비한다. 이것은 자신의 문제이기도 하지만, 아버지를 욕되게 하는 일이다. 이렇게 볼 때, 둘째 아들은 아버지에게 잘못하였고 상처를 주었다. 아버지께 사죄할 것이 있는 가해자가 된 것이다. 그러나 이 아들은 스스로 돌이켜 아버지께로 돌아왔다. 자신의 잘못을 인정한 것이다. 그는 자기의 잘못을 머릿속으로만 생각하지 않았다. 그것을 행동으로 보여 실천하였다. 그리고 자신의 잘못된 삶에서 돌이켜 집으로 돌아왔을 때, 드디어 아들을 기다리는 아버지를 보게 된다. 아버지는 아들이 떠난 순간부터 아들이 돌아오기를 기다리고 계셨고, 이미 용서하기로 작정하셨다.

이렇게 볼 때, 이 비유의 핵심은 방탕한 삶을 살지 말라고 하는 데 있지 않다. 오히려 용서를 베풀고, 그 용서를 받아들인 아들로 인하여 기뻐하시는 아버지께 있다. 용서를 통한 화해에 그 초점이 맞추어져 있다. 화해가 어떻게 발생되어지는지 잘 보여주고 있다. 아버지는 아들과 화해하고 기뻐하신다. 당신이 피해자인데도, 아들이 돌아오면서 가지고 온 것이 없는데도 기뻐하신다. "이 내 아들은 죽었다가 다시 살아났으며 내가 잃었다가 다시 얻었노라 하니 그들이 즐거워하더라"(눅 15:24). 이러한 기쁨이 있을 수 있는 이유는, 가해자인 아들이 자신의 잘못을 인정하고 돌아와서, 아버지가 어떠한 분인지, 자신은 어떠한 존재인지 철저하게 깨달았기 때문이다. 아들을 잃지 않고 얻었기 때문이다. 아들은 그동안의 자신의 삶을 다음과 같이 고백한다. "아버지, 내가 하늘과 아버지께 죄를 지었사오니 지금부터는 아버지의 아들이라 일컬음을 감당하지 못하겠나이다."(눅 15:21) 이 회개가 없었다면 아버지와 아들의 화해는 진행되지 않았을 것이다. **용서는 피해자가, 사과와 회개는 가해자가, 그리고 이 둘이 맞아떨어질 때 화해가 일어나게**

된다. 용서는 무조건적인 용서지만, 화해는 가해자의 회개를 전제로 한다. 이것이 성경에 나타난 용서의 특징이고, 그렇기에 이 용서는 반드시 화해의 결과까지 가야한다. 이 비유는 구약 창세기 3장에 나오는 인간의 타락과 하나님 구원의 노력의 결정판이라고 할 수 있다.

> ## 두 번째 비유: 용서할 줄 모르는 종의 비유(마 18:21-35) - 용서의 범위

한번은 예수께서 용서와 겸손에 대한 교훈을 통해서 하나님 나라 시민의 자질에 대해서 강조하셨다. 그때 예수님은 얼마나 용서해야 하는가의 질문에 대한 답을 말씀하셨다. 즉, 용서의 범위이다. 마태복음 18장 21-35절을 보면, 베드로가 예수께 나와서, "형제가 내게 죄를 범하면 몇 번이나 용서하리이까? 일곱 번까지 하오리까?"라고 질문한다. 베드로가 이렇게 질문한 이유가 있다. 당시 유대인들은 3번까지 용서하라고 가르쳤다. 네 번째부터는 복수할 수 있다는 것이다. 그런데 베드로는 예수님을 따라다니며 많은 것을 보고 듣고 배웠기에, 용서에 대한 범위를 유대인의 기준보다 두 배 이상을 부풀러서, '이 정도면 만족할만한가?'라고 생각하며 예수께 여쭈었다. 그런데 예수님은 그러한 베드로를 칭찬하시지 않고, "일곱 번을 일흔 번까지라도" 하라고 말씀하셨다. 여기서 '일곱 번을 일흔 번까지라도'라는 표현은 무제한을 의미한다. 숫자에 의미가 없다. 완전 수인 7과 70의 곱셈은, 결국 제한

없이 계속 용서하라는 뜻이기 때문이다. 지속적으로 용서하며 살라는 것이다. 그리고는 그 답에 걸맞은 한 비유를 말씀해 주셨다. 그것이 용서할 줄 모르는 종의 비유이다.

어느 날 왕이 종들과 '결산'을 하였다. 여기에 '종'은 문맥상 '노예'라기 보다는 신하를 가리키는 것으로 보인다. 그런데 결산 과정에서 왕은 한 신하가 자신에게 만 달란트 빚졌다는 사실을 확인했다. 그 신하가 왕에게 돈을 꾸었다고 보기보다는 비리를 저질러 몰래 착복했다고 이해할 수 있을 것 같다. 여기서 '달란트'는 복음서에서 매우 친숙한 무게 단위이자 화폐단위이다. 1 달란트 = 6,000 데나리온 이다. 그리고 1 데나리온은 노동자 하루 품삯(초대교회 역사가 유세비우스는 1달란트를 1만 데나리온이라고 기록하였다)이었다. 그러므로 1만 달란트는 대략 6천만 데나리온이다. 이것은 노동자가 15만 년 이상을 하루도 쉬지 않고 일해야 벌 수 있는 어마어마한 돈이다. 당시 갈릴리의 1년 세금이 200달란트였고, 유대 땅 전 지역의 1년 세금도 800달란트였다. 그러므로 1만 달란트는 유다 땅 전 지역의 1년 세금보다 무려 12배가 넘는 액수이다. 큰 나라의 일 년 예산에 맞먹는 금액이다. 그러나 100 데나리온은 노동자 100일 치의 임금으로, 보통 사람이라면 몇 달이면 갚을 수 있는 정도의 액수이다. 1만 달란트에 비하면 '1/60만'이라고 할 수 있다.

이렇게 볼 때, 왕에게 빚진 신하는, 궁궐을 출입하는 신하로서 누렸던 상류층의 지위와 재산을 한순간에 잃고, 인생의 나락으로 떨어질

위기에 처했다. 26절에 보면, 이때 종은 '내게 참으소서 다 갚으리이다'라고 엎드려 애걸하였다. 여기서 '참으소서'에 해당하는 헬라어 '마크로뒤메손'($\mu\alpha\kappa\rho o\theta\acute{\upsilon}\mu\eta\sigma o\nu$)이라는 단어는 신약 원전에서 하나님의 인내를 표현할 때 자주 사용된 단어이다. 이것이 빚진 신하에게서 사용되었을 때는 '긍휼히 여겨달라'는 의미이다. 내 힘으로는 도저히 안 되어 불쌍히 여겨 달라는 것이다. 이것이 용서받을 자의 자세이다. 예수님은 이러한 단어를 사용하심으로, 이 비유가 사람과 사람 사이의 일이 아니라 하나님과 사람 사이의 관계에 관한 이야기라는 사실을 강조하신다. 그런데 종이 간절히 요청한 결과 놀라운 일이 벌어졌다. 바로 임금이 그를 '불쌍히 여겨서', 즉 '스플랑크니스데이스'($\sigma\pi\lambda\alpha\gamma\chi\nu\iota\sigma\theta\varepsilon\acute{\iota}\varsigma$)는라는 단어를 사용하여, 탕자를 맞이하는 아버지의 측은한, 그리고 동정심 있는 마음을 그대로 표현해 주었다. 아버지의 마음은 누가복음 15장에 나오는 이야기와 동일하다는 것이다. 그래서 그 임금은 빚을 없던 것으로 해주었다.

이 비유를 통해 주님이 말씀하고자 하시는 바는 분명하다. 우리 모두는 하나님 앞에 도무지 헤아릴 수 없는 빚을 진 죄인들이지만, 아버지의 사랑과 용납으로 그 빚을 해결 받은 자들이라는 것이다. 결코 우리가 그 죄의 빚을 갚을 능력이 있거나 그럴만한 자격을 갖추어서가 아니라, 아버지의 일방적인 위대한 은혜로 죄의 속박에서 용서받고 자유로워졌다는 것이다. 이것이 삶 속에서 반드시 명심해야 할 구원의 감격이다.

그렇지만 계속해서 예수께서 들려주시는 비유에 등장하는 용서받은 종은 임금의 행동과 정반대의 방향으로 나아간다. 거대한 빚의 굴레에서 벗어났다는 기쁨과 감격은 그리 오래가지 못하고, 자기에게 백 데나리온 빚진 동료를 만나자 화가 치솟아 올랐다. 그런데 일 데나리온은 당시 노동자의 일당이기 때문에, 백 데나리온은 백 일간 일해서 모을 수 있는 돈이다. 분명 적은 돈은 아니지만, 그렇다 해서 갚기 불가능할 정도로 어마어마하게 많은 돈도 아니다. 종이 임금에게 빚졌던 만 달란트와 비교 자체가 무의미할 정도의 금액이다. 게다가 백 데나리온 빚진 사람은 남이 아니라 동료이다. 하지만 입장이 바뀌었을 때, 정반대의 태도를 보여주었다. 조금도 불쌍히 여기지 않았고, 자신에게 빚진 동료를 주저 없이 감옥에 넣었기 때문이다. 그 원인은 분명하다. 철저히 나 중심인 사람이기 때문이다. 자신이 다른 사람으로부터 받은 호의는 당연히 여기면서, 정작 다른 사람에게는 조금의 배려도 하지 않는 사람이다. 모든 상황을 자신의 이익을 중심으로 생각할 뿐, 공동체는 무시하고 주위 사람에게 전혀 공감하지 않았다. 하지만 마침, 그가 행한 악행을 곁에서 목격한 다른 동료가 왕에게 찾아가 이 모든 일을 알려주었다. 그 사실을 전해 들은 왕은 분노하며 그 종을 원래대로 감옥에 집어넣고 빚을 갚게 했다. 이때 왕이 꾸짖으며 한 말에 우리가 귀 기울여 들어야 한다. 32~33절을 보라. "32. 이에 주인이 그를 불러다가 말하되 악한 종아 네가 빌기에 내가 네 빚을 전부 탕감하여 주었거늘 33. 내가 너를 불쌍히 여김과 같이 너도 네 동료를 불쌍히 여김이 마땅하지 아니하냐 하고" 주인은 그 종이 보인 모순을 통렬하게 질책한다. 자신은 무한한 빚이 면제되는 큰 은혜를 입었으면서 정작 자신의 동료에게는 그 은혜의 일부도 베풀어 주지 않았기 때문이다. 예수께서는 이 비유의 결론을 35절에 말씀하신다. "너희 각각 마음으로부터 형제를 용서하지 아니하면 나의 하늘 아버지께서도 너희에게 이같이 하시리라"

왜 용서의 범위가 의미가 없는가? 값을 수 없는 빚을 탕감받은 자이기 때문이다. 늘 울어도, 늘 노력해도 값을 수 없는 빚이었다. 그러나 아버지의 은혜와 사랑을 기반으로 한 용서가 우리를 자유인으로 만들어 주었다. 그렇기에 나에게 잘못한 모든 사람을 용서하며 살아야 한다는 것을 강조하고 있는 것이다.

세 번째 비유: 선한 사마리아인의 비유 - 용서의 모델

이 비유의 중요한 강조점은 죽어가는 사람을 돕는 사랑의 행위에 있는 것이 아니라, 오히려 그런 사랑의 행위를 한 사람에게 있다는 점을 주목해야 한다. 그러므로 이 비유에서 강도를 만나 죽어가는 사람, 곧 자비와 사랑의 행동이 필요한 사람을 이웃으로 강조하고 있는 것이 아니라, 도리어 그에게 사랑을 베푼 사마리아인을 진정한 이웃으로 강조하고 있다는 점을 주목해야 한다. 이것이 용서의 실천이다.

이 비유의 서론을 보면, 한 율법 학자가 나와서 "영생을 얻는 길이 무엇이냐"고 묻자, 예수님은 그 질문에 대한 답으로 "하나님을 사랑하고 이웃을 네 몸과 같이 사랑하는 것이 중요하다"고 가르쳤다. 그러자 율법 학자가 "그러면 내 이웃이 누구냐?"고 물었고, 예수님은 이웃이 누구인지를 설명하기 위하여 이 비유를 말씀하셨다. 그런데 율법 학자가 "네 이웃이 누구인가?"라고 물었을 때, 그 이웃은 분명히 우리가 사랑하고 용서해야 할 대상이었다. 이 비유의 결론 부분에서 예수께서, "이 세 사람 중에 누가 강도 만난 사람의 이웃이냐?"고 물었을 때, 이웃은 사랑해야 할 대상이 아니라, 사랑을 베푼 사마리아인, 곧 사랑의 주체였다. 따라서 이 비유의 핵심은 사랑의 대상인 불쌍한 사람, 곧 강도를 만나 죽어가는 사람에게 있는 것이 아니라, 오히려 사랑을 베푼 사람, 곧 사랑의 주체인 사마리아인에게 있다. 그렇다면 예수님은 이 비유를 통하여 무엇을 가르치시려 하였을까?

오늘날 많은 성경의 비유 연구가들은 이 비유가 단순히 불쌍한 사람을 만났을 때, 그에게 사랑을 베풀라고 가르치는 사랑의 비유가 아니라, 오히려 그 당시 미움과 적개심의 높은 장벽을 허물고, 보통의 유대인들이 쉽게 할 수 없는 사랑과 용서하라는 교훈, 즉 인종주의와 지역주의를 허물고 사랑하며 용서하라는 특별한 교훈을 주는 이야기라고 지적한다. 예수님은 자기 시대에 와서 거의 극에 달한 유대인과 사마리아인 간의 인종적인 높은 장벽을 허무는 일 없이는 참다운 소통의 삶이, 참다운 구원의 삶이 불가능 하다고 생각했던 것 같다. 그래서 예수님은 이 비유를 통하여 사마리아인이 유대인을, 그것도 유대인 때문에 고통을 당해왔고, 한이 맺혀 있던 사마리아인이 자기들의 원수와도 같은 유대인을, 하물며 유대 종교 지도자들까지도 도와주지 않았던 유대인을, 모든 미움과 증오를 넘어 자비를 베풀어 살려주었다는 점을 강조하고 있다. 예수님은 이 이야기를 통하여 사마리아인들에 대해 가지고 있는 해묵은 편견으로부터 벗어나도록 도와주려 하셨다. 이것이 진정한 용서를 경험한 자들이 베푸는 용서의 모습이다. 언어와 혈통과 지역의 장벽을 허물고, 사랑과 용서를 실천하는 일 말이다. 이것이 진정 이웃을 사랑하는 모습이고, 그것은 하나님께 용서받은 자들이 반드시 실천하며 살아야 할 모습이다. 결국, 이웃을 사랑하는 가장 핵심은 이웃을 용서하고 용납하는 일이다.

용서에 관한 예수님의 가르침을 정리해 보자면 다음과 같다. 먼저, 피해자인 아버지는 가해자인 죄인을 용서하시기로 작정하시고 언제라도 용납하실 준비가 되어있다. 그 아버지는 죄인을 향하여 긍휼과 불쌍히 여기는 자비의 마음을 가지고 계신 분이다. 그렇기에 죄인이 뉘우치고 회개하며 아버지께로 돌아오기만 한다면, 용서가 이루어지며 그 결과 화해를 경험하여 회복이 일어난다는 것이다. 그런데 이러한 용서는 우리의 삶에서 매번 경험하고 실천하며 살아야 한다. 왜냐하면, 우리가 우리의 힘으로 불가능한 너무 큰 빚에서 탕감받았기에, 우리에게 잘못하고 빚진 자들의 작은 빚은 얼마든지 용서해 줄 수 있어야 하고, 그렇게 용서할 때 세상이 변화되어 가기 때문이다. 용서에는 범위가 없다. 우리가 무한한 용서를 먼저 경험하였기 때문이다. 용서에는 인종의 장벽과 지역의 장벽도 없음을 강조하셨다. 이것을 실천할 수 있어야 진정한 신약시대를 살아갈 수 있다. 구약에서도 하나님이 이스라엘에게 명령하셨지만, 구약의 이스라엘은 이방으로 찾아가지도 않았고, 그들을 사랑하고 용서하지도 않았다. 그러나 그것이 불가능하면 세상의 구원은 불가능하다. 예수님의 사랑과 용서를 경험한 자들이 인종과 지역과 편견과 한계를 넘어 전 세계로 사랑과 용서를 실천해 나갈 때, 구원의 역사와 회복의 역사가 일어날 수 있기 때문이다. 그래서 예수께서 선한 사마리아인의 비유를 통해서 그 중요한 사실을 말씀해 주신 것이다.

하나님의 용서를 경험하기 위한 회개가 있는 곳에는 하나님의 은혜가 있고, 기적이 있으며, 회복이 있다. 이것이 용서의 결과로 주어지는 화해의 열매들이기 때문이다. 하나님과 화해하는 장소에 은혜와 기적과 회복과 하나님의 역사하심이 있다. 매일 죄짓고 살아가는 우리기에, 매일 용서가 필요하고, 그렇기에 용서받고 구원받은 그리스도인들도 매일 십자가 앞에 나가야 할 이유가 여기 있다. 그리고 그 힘으로 주변의 관계된 많은 사람을 용서하며 살아야 한다. 용서를 받으려는 자의 자세는, 눈물이 있고, 긍휼을 구하며, 내 힘으로 안 되는 일이기에 하나님만을 의지한다. 이러한 자세가 있는 곳에 주님이 찾아가신다. "다윗의 자손 예수여! 나를 불쌍히 여기소서!"라고 바디매오가 소리쳤을 때, 예수께서는 그 자리에 가셨다. 그리고 바디매오의 죄를 용서하셨고 눈을 뜨게 하셨다. 용서받을 자의 자세를 가감 없이 보여주었기 때문이다. 내 힘으로 안 되기에 예수를 의지했고, 자신을 불쌍히 여겨달라는 용서를 위한 요청을 하였기 때문이다.

오늘날 교회는 용서받은 자의 감격과 은혜를 잊어버린 것 같다. 용서받아야 할 사람의 자세도 놓쳐 버렸다. 하나님의 용서를 경험한 지 오래되었기 때문이다. 그래서 눈물이 메말랐고, 주님을 의지하는 기도가 줄어들고 있으며, 하나님의 긍휼을 구하지 못한다. 오늘날에도 다시금 "다윗의 자손 예수여! 나를 불쌍히 여기소서!"라는 외침이 터져 나와야 하지 않을까? 무엇이 그리 당당한가 무엇이 그리 자신만만한가? 우리는 이미 하나님께 큰 죄를 용서받은 은혜를 입은 자가 아닌가? 매일 머리 숙이고 하나님께 굴복하며 나가도 부족하지 않을까?

제 3 강
하나님의 나라와 용서
-희년과 주기도문을 중심으로-

"우리가 우리에게 죄지은 자를 사하여 준 것 같이 우리 죄를 사하여 주시옵고"(마 6:12)

"우리가 우리에게 죄지은 모든 사람을 용서하오니 우리 죄도 사하여 주시옵고"(눅 11:4)

"너는 일곱 안식년을 계수할지니 이는 칠 년이 일곱 번인즉 안식년 일곱 번 동안 곧 사십 구 년이라 칠월 십 일은 속죄일이니 너는 나팔 소리를 내되 전국에서 나팔을 크게 불지며 제 오십 년을 거룩하게 하여 전국 거민에게 자유를 공포하라 이 해는 너희에게 희년이니 너희는 각각 그 기업으로 돌아가며 각각 그 가족에게로 돌아갈지며 그 오십 년은 너희의 희년이니 너희는 파종하지 말며 스스로 난 것을 거두지 말며 다스리지 아니한 포도를 거두지 말라 이는 희년이니 너희에게 거룩함이니라 너희가 밭의 소산을 먹으리라"(레 25:8-12)

예수님은 구약의 율법을 요약하여, '하나님 사랑'과 '이웃 사랑'이라고 말씀하셨다. 이것은 십계명에도 분명히 나타나 있다. 그런데 이것이 구약 율법의 요약이라면, 이스라엘은 이것, 곧 '하나님 사랑'과 '이웃 사랑'의 실천을 위하여 부르심을 받은 공동체라고 할 수 있다. 하나님은 이스라엘을 부르시고 시내 산에서 서로 언약을 세우시며 율법을 주셨기 때문이다. 그런데 이스라엘은 하나님의 부르심과 언약대로 살지 못하였다. 하나님 사랑도 제대로 실천하지 못하였고, 더구나 이웃 사랑은 실천하기가 어려웠다. 이것이 이스라엘의 한계였다. 하지만 하나님 사랑과 이웃 사랑이 실천되지 못한다면, 하나님 구원의 계획을 성취할 수 없기에, 하나님은 당신의 아들을 보내셔서 새로운 시대, 신약의 시대를 시작하게 하셨고, 그 안에서 하나님 사랑과 이웃 사랑을 균형 있게 실천할 수 있는 모든 기반을 놓으셨다.

우리가 하나님 사랑을 하기 위해서는 하나님께 용서받아야 가능하고, 이웃 사랑을 실천하기 위해서는 하나님처럼 세상을 용납하고 용서하며 이웃이 되어 주어야 한다. 이것이 가능할 때 세상이 변화된다. 구약의 이스라엘은 이것에 실패한 자들이라고 볼 수 있다. 그러면 어떻게 새로운 나라, 곧 하나님의 나라가 시작되고 성장할 수 있는가? 이 계획의 그림자라고 할 수 있는 내용이 구약에 나타나 있다. 곧 희년에 관한 내용이다. 희년은 하나님 나라의 구체적인 모습으로서, 그 나라가 어떻게 세워질 수 있는지, 그 나라는 어떠한 모습을 지니고 있는지,

그 나라의 백성은 어떻게 살아야 하는지를 보여준다. 즉, 하나님은 7년의 안식년이 7번 지난 다음 해, 곧 50년이 되는 해를 희년으로 선포하시고, 모든 것이 제자리를 차지하고 원위치 되도록 하셨다. 국민 대부분이 힘들고 어렵게 살았던 자들에게 이 희년의 선포는 은혜의 선포였고, 소망의 선포였다. 모든 것이 무너진 자들이라도, 희년이 되면 원위치에서 다시 시작할 수 있었기 때문이다. 그러나 희년이 온전히 성취되기 위해서는 서로 손해 보아야 할 것은 손해 보고, 용서해야 할 것은 용서해야 하는 것과 맞물려 있다. 대의적인 차원에서, 하나님께서 계획하신 하나님 나라를 바라보지 못한다면, 실천 불가능한 것이었다. 그러므로 궁극적으로 희년의 성취는 그들이 기다리던 메시아가 오셔야 가능했다.

드디어 메시아신 예수께서 세상에 오셨고, 그분의 공생애 시작으로 하나님 나라는 시작되었다. 하나님 나라는 국민, 영토, 주권의 개념이 아니라, 하나님의 통치와 지배, 다스림의 개념이다. 예수께서 사단의 세력을 물리치시며, 사단이 지배하던 곳이 하나님의 통치와 지배가 가능해졌기에 하나님 나라가 시작되었다. 그러므로 이제는 하나님 나라의 완성을 위하여 하나님의 백성들이 해야 할 일들이 남았다. 그것은 구약에서부터 하나님께서 강조해 오신 '하나님 사랑과 이웃 사랑'이다. 하나님을 사랑하는 곳에 하나님의 통치와 지배, 다스림이 가능하며 이웃을 사랑하는 곳에 희년의 제도적 차원의 내용들이 구체적으로 실천될 수 있기 때문이다. 하나님께서 하서야 할 일은 하셨고, 이제 하나님의 백성들이 해야 할 일들이 실천되어져야 한다. 그래서 예수님은 강하게 이웃 사랑을 강조하셨고, 선한 사마리아인의 비유를 말씀하시며, 사마리아인과 같이 하나님의 백성들이 세상의 이웃이 되어 주라고 하셨다. 그것이 이웃 사랑의 방법이었다. 그때 하나님 나라가 확산되어 간다.

신약 성경 사도행전 2장을 보면, 이상적인 교회 공동체의 모습이 나온다. 이 모습은 우리가 궁극적으로 누리고 살아갈 하나님 나라의 모습이기도 하다. 사도행전 2장을 보면, 성령의 강림으로 하나님의 절대적인 통치와 다스림이 펼쳐진다. 그리고 초대교회 구성원들은 성경의 가르침대로 자신의 소유를 자신의 것만으로 여기지 않고 '유무상통'하며 가장 아름다운 공동체의 삶의 모습을 보여주었다. 하나님의 통치가 있는 곳에, 성경의 가르침 대로 서로 용납하고 용서하며, 손해 볼 것은 손해 보고, 사랑으로 섬긴다면 이렇게 아름다운 세상이 만들어질 수 있음을 보여준 것이다.

사해 공동체에 고립하여 살았던 에세네파는 죄인들을 미워하는 일이 자기들에게 주어진 바른 의미라고 생각했다. 또한, 바리새파가 가르친 유대 율법은 원수를 사랑할 필요가 없다고 말한다. 그러나 예수님은 이러한 통상적인 악의 해결방식을 뒤집어 버렸다. 복수와 앙갚

음은 하나님의 나라에서 무용지물이 되기 때문이다. 또한, 용서가 구약부터 내려오는 하나님 나라의 방식이기 때문이다. '용서가 보복을 대신하는 거꾸로 된 삶의 방식'이 하나님 나라의 삶의 방식이다. 예수께서는 십자가에 달려서도 용서의 방식을 구체적으로 보여주셨다. 그때야말로 보복이 필요한 때고, 폭력적인 자기방어가 정당화될 때인데, 예수께서는 정반대로 피 튀기는 고문을 당하면서도 원수들의 입장에서 "아버지 저들을 용서하여 주십시오"(눅 23:34)라고 요청한다.

구약의 용서와 예수님 용서의 차이

이상에서 보자면, 하나님의 나라에서는 원수를 친구로 대한다는 것을 알 수 있다. 이것이 불가능하면, 하나님 나라가 이 땅에서 이루어질 수 없다. 예수님 당시 죄 용서는 성전에서 대제사장이 피의 제사를 드림으로 이루어졌다. 구약의 죄 용서 방법이 그대로 전수된 것이다. 그러나 예수께서는 말씀만으로 자신을 찾아온 사람의 죄를 사해주시기도 하셨으며, 말씀만으로 죄가 사해졌음을 깨닫게 해주셨다. 이와 같은 예수님의 죄 사함의 행위는 엄청난 파문이 되었다. 구약의 전승을 깨뜨리는 것이었으며, 죄 사함의 일은 하나님만이 하실 수 있는 것이기에, 유대인들이 보기에는 신성모독과 같이 여겨졌기 때문이다. 왜 이렇게 하셨을까? 그것은 예수께서 직접 제물이 되셔서 단 한번에 죽으심으로 죄인들의 죄 값을 대신 치러주실 것이기 때문이다. 그렇기에 이제는 누구든지 예수께서 하신 일을 받아들이고 실천하면 용서받는 시대가 온 것이다. 예수께서는 잔혹한 고문을 당하시면서도 폭력적인 보복을 철저히 거부하셨다. "내 뜻대로 되게 하지 마시고 아버지의 뜻대로 되게 하십시오"(눅 22:42)라는 예수님의 기도는, 단순히 하나님께서 정해 두신 일을 순종하여 따르겠다는 고백이 아니라, 죽음의 짙은 그늘 속에서도 용서하는 사랑을 이루고자 했던 예수님의 노력이었다. 이 노력이 있었기에, 이 대가가 있었기에, 구약과는 달리, 모든 사람을 대상으로 죄 사함이라는 하나님의 용서를 적극적으로 받아들이고 전할 것을 명령하신 것이다. 이러한 용서가 실천되는 곳에 하나님의 나라가 이루어지고 성장해 나갈 것이기도 하기 때문이다.

예수님은 구약의 희년 제도의 정신이 자신을 통하여 실현되었으며, 그렇기에 새로운 나라가 시작되었음을 선포하셨다. 그렇다면 희년 제도 안에 담겨 있는 핵심 정신은 무엇인가?

희년과 하나님 나라

희년의 비전은, 인간의 죄로 깨어진 하나님 창조 질서의 회복을 의미한다고 할 수 있다. 그런데 희년의 정신을 실천할 수 있는 기반을 놓고 이끌어갈 존재가 메시아이다. 메시아가 오셔야 희년의 정신을 실천하고 회복할 수 있다. 그래서 이스라엘은 메시아를 기다렸다. 메시아를 통하여 희년이 성취되어 새로운 나라를 시작할 기대를 가지고 기다린 것이다.

그런데 예수께서 세상에 오심으로 메시아의 사역이 시작되었다. 예수께서는 죄지은 인간의 죄를 사하시며, 재창조의 말씀을 선포하셨고, 죄의 사슬을 끊어 하나님 백성의 눈을 열어 주셨다. 그가 계신 곳에 악의 족쇄는 깨어졌다. 이것이 진정한 해방이다. 이것은 우리를 향한 하나님의 용서가 구체적으로 적용되어 그 열매를 경험하게 하신 일이다. 즉 죄인은 회개하여 하나님께 돌아가고, 하나님은 회개하며 돌아오는 자들을 용납하셔서 하나님과 화해하게 하신다. 그리고 하나님과 화해를 경험한 사람은 이 땅에서 하나님 나라를 누리게 되었다. 예수께서는 하나님의 용서를 모든 사람이 경험케 하시기 위하여 이 땅에 오셨고, 자신이 십자가에서 희생하셔서 하나님의 용서가 충족될 수 있도록 하셨으며, 누구든지 자신의 죄를 인정하고 회개하면 하나님의 용서를 경험하고 하나님의 나라를 누리며 살아갈 수 있는 길을 열어놓으신 것이다.

이렇게 보자면, 구약에 기록된 희년은 예수님의 사역과 희생으로 하나님 나라를 경험케 하심으로 성취되었고 온전히 성취되어 간다고 할수 있다. 하나님 나라는 지금도 확장되어 가고 있기 때문이다. 그러므로, 용서 없이는 하나님 나라가 없고, 하나님 나라에서는 용서를 통하여 원수가 친구가 되는 변화가 일어난다. 멀리 생각하지 말고, 나와 하나님과의 관계를 생각하면 알 수 있다. 용서를 통하여 하나님의 원수였던 내가 하나님의 백성, 자녀, 친구가 된 것이다. 그러므로 이제 희년의 성취는 유대인들만을 위한 것이 아니라, 이방인에게까지도 허락된다. 희년을 통하여 세워질 왕국, 즉 하나님의 나라가 온 인류에게 열렸기 때문이다. 희년 왕국에서는 인종적인 장벽과 편견은 통하지 않는다.

희년과 용서, 그리고 하나님 나라

희년은 사회적인 것과 영적인 것, 정치적인 것과 개인적인 것, 내적인 것과 외적인 것을 하나로 통합한다. 또한, 하나님의 주도권과 우리의 주도권을 하나로 묶는다. 하나님께서 해방하셨기에 우리도 우리에게 빚진 자들을 해방한다. 우리가 다른 사람을 용서하듯, 우리도 용서를 받는다. 이러한 진리들이 희년의 중심축을 이룬다. 그런데 예수님의 사역 전체에 걸쳐, 그분의 가르침에는 이러한 희년의 정신이 담겨있다. 자비, 해방, 자유, 긍휼, 용서, 이것들이 희년을 이루는 핵심 어휘들이고, 또한 하나님 나라를 이루는 핵심 어휘들이기도 하다. 희년은 기본적으로 네 가지 요구사항을 담고 있는데, 1. 땅의 휴경, 2. 빚의 탕감, 3. 노예 해방, 4. 가족 재산의 환원이 그것이다. 대부분이 용서를 통한 회복의 의미를 포함하고 있다.

그러므로 희년의 시작은 하나님 나라의 전조라고 할 수 있다. 또한,

희년은 하나님께서 직접 우리의 왕이 되신다고 선포하고, 또 하나님의 계명은 옛 권세에 사로잡힌 자를 해방하며, 옛 나라에 매인 사람들을 풀어주고, 영적인 굴레와 사회적인 굴레에 묶였던 사람들에게 자유를 선사한다.

이처럼 풍성한 은혜가 바로 희년이다. 이러한 희년의 기본적인 내용은 하나님께서 죄지은 인간과 세상을 사랑하시고 용서하시기로 작정하셨기 때문이다. 용서가 그 밑바탕이 된다는 것이다. 그러므로 이것을 하나님 나라에 적용해 보자면, 용서가 없이는 하나님 나라가 시작될 수 없음을 알 수 있다. 희년이 하나님 나라의 전조이듯, 희년의 밑바탕이 용서라면, 하나님 나라도 용서 없이는 불가능한 것이다.

하나님 나라의 성취 과정

구약의 희년을 신약의 하나님 나라와 연결하여 그 중요 내용을 살펴보면, 하나님 구원의 과정의 핵심을 알 수 있다. 먼저, **창세기의 창조로부터 희년까지 이야기에 나타난 하나님 구원의 핵심**을 살펴보자면, **첫째로 하나님의 완전한 창조**가 그려진다. 그리고 **두 번째, 그 창조의 질서가 깨어지고, 하나님의 백성들이 이집트에서 억압당하는** 그림이 그려진다. **세 번째는 하나님의 강력한 개입이 회복과 구원**을 가져옴을 살펴볼 수 있다. 그러나 여기서 마지막이 아니다. 출애굽은 목적이 있는 탈출이다. 그 목적은 하나님의 백성들로 하여금 하나님 나라를 이루려 하심이었다. 그렇기에 **네 번째, 하나님 나라의 성격에 걸맞는 희년을 지킬 것을 명령하심으로 그 나라를 맛보고 그려볼 수 있게 하셨다.** 즉, 이웃에게 자비와 용서를 베품으로써 하나님의 나라를 세워가게 하신 것이다.

다음으로, **구속사적인 차원에서 구원의 과정**을 살펴보자면, **첫째, 인간을 하나님의 형상과 모습대로 온전히 지으신 것**을 볼 수 있다. **둘째, 그러나 인간이 자신의 자유의지를 사용하여 하나님을 배신하고 죄를 짓게 된다. 셋째, 하나님의 아들인 예수 그리스도께서 인간의 죄값을 십자가에서 치루심으로 하나님의 구원**을 경험하게 하셨다. 그러나 여기서 구원은 온전한 회복이 아니다. **넷째, 구원받고도 죄짓고 사는 당신의 백성에게 자비를 베푸셔서 온전히 회복시켜 주심으로 하나님 나라를 완성**하게 하신다.

마지막으로 **인간의 윤리적인 차원에서 하나님의 구원 과정**을 살펴볼 수 있다. **첫째, 하나님은 인간에게 온전한 자유를 주셔서** 인간은 자유를 누리며 살아가는 존재가 되었다. 다른 어디에 구속되거나 매여 있는 자들이 아니었다. **둘째, 자유인이었던 인간이 죄지음으로 죄의 노예가 되었다.** 인간의 삶에 억압이 찾아왔고, 매이고 짓눌림이 찾아왔다. **셋째, 하나님은 예수 그리스도의 십자가의 공로로 죄인 된 인간을 용서하심으로 회복**시켜 주셨다. 다시 자유를 되찾게 되었다. 그러나 여기서 끝이 아니다. **넷째, 자유를 되찾은 하나님의 백성으로 하여**

금, 억압당하고 눌려 있는 자들을 찾아가 하나님의 용서를 전하고, 또 자신들도 용서하는 삶을 살아감으로 하나님 나라를 완성하게 하셨다.

이상에서 보자면, 하나님의 구원을 여러 차원에서 살펴볼 수 있지만, 모두 동일한 패턴을 가지고 있는 것처럼 보인다. 첫 번째 단계는 하나님의 완전한 창조가, 그리고 두 번째 단계는 타락과 억눌림이, 그리고 세 번째 단계에서는 하나님의 회복이 그려진다. 마지막 네 번째 단계에서는, 이웃을 사랑하고 용서하는 삶을 살아가며 시작된 하나님 나라를 완성해 가는 것이다.

우리는 하나님의 은혜를 다른 사람에게 퍼뜨려 희년을 전달하는 하나님의 백성들이다. 이미 언급한, 용서할 줄 모르는 종의 비유(마 18:23-35)도 희년의 정신에서 보면 이해가 쉽다. 받은 만큼 용서를 베풀라는 희년의 원리는 신약성경의 가르침에 널리 퍼져있고, 이것도 그러한 이야기의 연장선에서 해석될 수 있기 때문이다. 그러므로 희년이라는 틀 안에서 예수님의 가르침은 새로운 의미를 띠게 된다.

주기도문에 나오는 희년의 원리

희년의 요구에서 빚의 탕감과 노예 해방은 예수님의 가르침의 핵심이기도 하였다. 이것은 예수께서 가르쳐주신 기도에 잘 나타나 있다. "우리가 우리에게 빚진 자를 사해준 것처럼 우리의 빚을 사해 주옵소서" (여기에 사용된 동사는 '아피에미' apheimi) 이것은 "우리가 우리에게 잘

못한 자들을 용서한 것처럼, 우리의 잘못을 용서해 주소서"라고 번역한 글이 대부분이다. 넓은 의미에서는 가능한 번역이지만, 본질의 의미가 축소된다(예수께서는 아람어로 hoba라는 단어를 사용하셨는데, 마태는 빚이라는 단어를 골랐고, 누가는 두 가지 의미를 다 골랐다. "우리 자신이 우리에게 빚진 모든 이를 용서하니 우리 죄를 용서하소서"-눅 11:4-) 그러므로 마태복음의 기조에서 본다면, 엄밀하게 말해서 이것은 금전적인 채무를 사해주는 것을 말한다. 이렇게 볼 때, 예수님이 가르쳐주신 주기도문은 막연하게 우리를 귀찮게 하거나 우리를 괴롭힌 사람들을 용서하라고 권유하는 것이 아니라, 구체적으로 우리에게 빚진 사람들의 빚을 탕감해 주라고, 즉 희년의 정신을 실천에 옮길 것을 말씀하고 계신 것이다.

이것이 실제화된 것이 성령강림 후 초대교회의 모습이다. 예수께서 사용하신 '아피에미'(αφίημι)라는 동사는 '면제하다, 내보내다, 해방하다, 탕감하다'의 의미를 가지고있는 것으로 희년과 관련된 문맥에서 자주 사용된다. 그리고 주기도문은 명시된 희년의 정신에 이은 예수님의 말씀은 더 적극적으로 희년의 정신을 강조한다. "너희가 사람의 잘못을 용서하며 너희 하늘 아버지께서도 너희 잘못을 용서하시려니와, 너희가 사람의 잘못을 용서하지 않으면 너희 아버지께서도 너희 잘못을 용서하지 아니하시리라"(마 6:14-15) 이것은 주기도문의 기본 바탕이라고 할 수 있다. 주기도문에 이어서 바로 하신 말씀이기 때문이다. 예수님은 창녀도 용서하시고, 간음하다가 잡혀 온 여인도, 중병에 걸린 자도 용서하시는 분이시지만, 이 한 가지 사항에 대해서는 엄하기 그지없다. 곧 "너희가 서로 용서를 실천하지 않으면 너희를 향한 하나님의 용서 또한 무의미한 것이 되고 말 것이다"

주기도문에서 용서에 관한 해석

실제로 주기도문에 나오는 용서를 해석하는 부분은 해석이 분분하다. 왜냐하면 "우리가 우리에게 죄지은 자를 사하여 준 것 같이 우리 죄를 사하여 주옵시고"라고 기록된 부분 때문이다. 즉, 우리가 세상 사람들에게 죄를 사하여 주는 것이 하나님의 죄 사함을 받는 전제가 되느냐는 것이다. 그런데 이것은 해석을 잘해야 한다. 구약학자 중, 셈족어를 가장 잘하는 요하킴 예리미아스(Joachim Jeremias)에 의하면, 여기서 **우리 이웃에 대한 우리의 용서가, 우리에 대한 하나님의 용서의 완료형이라고 한다. 그런데 이 부분이 아람어로 사용되었을 때, 아람어에서는 완료형이 시제를 나타내는 것이 아니라, 동시성의 완료형, 즉 동시적인 것의 완료형으로 본다**는 것이다. 그렇다면, 우리가 이웃에 대해 용서를 하였을 때, 이미 우리 죄를 용서하신 하나님의 용서가 그때 우리에게 동시적으로 경험되는 것이다. 하나님은 이미 용서하셨지만, 그 용서를 경험하는 것은 우리가 주님의 명령대로 이웃을 용서할 때 그제야 동시적으로 경험하는 것이라 할 수 있다. 이것은, "하나님! 우리 죄를 용서하여 주옵소서 그와 동시에 우리도 우리에게 빚진 자들을 용서하겠나이다"라고도 해석할 수 있다. 그렇다면 왜 하나님의 용서에, 이러한 부차적인 서약이 붙는가? 그것은 이웃 사랑, 곧 이웃을 내 몸같이 사랑할 때, 그제서야 비로서 하나님의 통치가 우리에게 경험되기 때문이다. 죄 용서를 받고자 한다면, 자기 죄를 버릴 각오를 해야 한다. 나의 이웃에 대한 용서의 태도를 동반하지 않는 죄 용서의 청원은 "하나님은 나의 죄를 용서하시는데, 나는 죄 용서를 받지 않겠습니다"라는 것과 마찬가지 의미이다. 그러므로 하나님의 죄 용서받음은, 우리 이웃의 죄 용서함이 구조적으로 연결되어 있음을 알아야 한다. 이것이 우리가 매번 기도하는 주기도문의 내용이다. 주기도문에서 그 앞에 나오는 "하나님 나라가 임하시오며"라는 청원도 연결시켜 보자면, "내가 하나님의 통치를 받겠습니다"라는 의미를 담고 있다. 그렇기에 "나의 죄를 용서받고 동시에 이웃을 용서하기"를 원하시는 하나님의 마음을 헤아리지 못하고, 이 기도를 하며, "하나님 나라가 임하소서"라고 외치는 자들은 그 기도가 허구와 같다고 할 수 있을 것이다.

제 4 강
용서의 방법과 절차
-용서와 십자가-

"그가 빛 가운데 계신 것 같이 우리도 빛 가운데 행하면 우리가 서로 사귐이 있고 그 아들 예수의 피가 우리를 모든 죄에서 깨끗게 하실 것이요, 만일 우리가 죄 없다고 말하면 스스로 속이고 또 진리가 우리 속에 있지 아니할 것이요 만일 우리가 우리 죄를 자백하면 그는 미쁘시고 의로우사 우리 죄를 사하시며 우리를 모든 불의에서 깨끗게 하실 것이요 만일 우리가 범죄하지 아니하였다 하면 하나님을 거짓말하는 이로 만드는 것이니 또한 그의 말씀이 우리 속에 있지 아니하리라" (요일 1:7-10)

"그리스도께서 단번에 죄를 위하여 죽으사 의인으로서 불의한 자를 대신하셨으니 이는 우리를 하나님 앞으로 인도하려 하심이라 육체로는 죽임을 당하시고 영으로는 살림을 받으셨으니" (벧전 3:18)

용서에 관한 성경의 핵심 사항들을 이해하고 받아들이지만, 정작 그 용서의 과정과 방법을 알지 몰라서 힘들어하는 경우도 있다. 이번 장에서는 성경에 나타난 기본적인 용서의 과정과 방법에 관하여 서술하고자 한다. 이미 언급하였지만, 우리가 이웃을 용서하고 서로 용납할 수 있는 것은, 우리가 먼저 하나님께 큰 용서를 받은 자라는 사실에서 출발한다. 내 힘과 나의 성품으로 용서하는 것이 아니다. 그러므로 하나님으로부터 용서를 경험하는 것이 무엇보다도 중요하다.

빛 가운데에서 자백

우리가 하나님의 용서를 경험하는 방법에 관하여 비교적 자세히 언급하고 있는 성경 구절 가운데 하나가 요한일서 1장 7-10절이라고 할 수 있다. 이 구절은 기독교의 코이노니아(κοινωνία), 즉 사귐이 어떻게 이루어지는가를 잘 조명해 주고 있기도 하다. 즉, 하나님과의 사귐을 먼저 말하고 있고, 그것을 바탕으로 어떻게 세상과 사귐을 가질 수 있는지를 말하고 있다.

7절을 보면, "그가 빛 가운데 계신 것 같이 우리도 빛 가운데 행하면 우리가 서로 사귐이 있고 그 아들 예수의 피가 우리를 모든 죄에서 깨끗게 하실 것이요"라고 기록하였다. 우리의 죄가 용서받기 위해서는, 먼저 우리가 빛 가운데 있어야 한다는 것이다. 이것을 다른 표현으로 한다면, 하나님 앞으로 나아가는 것을 의미한다. 그때 하나님과의 사귐이 생겨난다. 빛 가운데에서 어떠한 사귐이 발생하는가? 이것은 무엇을 의미하는가? 왜 하나님을 빛이라고 표현하였는가?

이것은 다분히 우리의 죄 사함을 전제로 일어나는 하나님과의 사귐을 말한다. 하나님은 빛이신데, 그 빛 가운데 들어가면 자연스럽게 우리의 더러운 모습과 죄가 드러나게 되어있다. 하나님과의 사귐은 하나님의 용서가 먼저 전제되어 있다. 거룩하신 하나님이 죄스러운 인간과 교제할 수 없기 때문이다. 그렇기에 하나님은 자신 앞으로 나온 자들의 죄를 드러내신다. 용서하시기 위함이다. 그때 죄인 당사자가 드러난 죄를 인정하고 하나님께 자백하면, 그 죄가 사함을 받고 하나님과 사귐이 시작되는 것이다. 이 과정을 9절에 자세히 기록하고 있다. "만일 우리가 우리 죄를 자백하면 그는 미쁘시고 의로우사 우리 죄를 사하시며 우리를 모든 불의에서 깨끗하게 하실 것이요" 여기서 '자백하다'라는 단어는 헬라어로 '호모로고(homologos)'라는 말로서 의미상, '같은 말을 말한다'는 뜻이다. 즉 'homo-동일한" logos-말 하다'-란 의미를 가지고 있다. 이것은 무엇을 의미하는가? 우리가 빛 되신 하나님 앞으로 나아갈 때, 하나님은 성령을 통하여 우리를 조명하사 우리 안에 있는 죄를 보게 하신다. 그때 우리는 성령을 통하여 조명된 나의 죄를 그대로 인정하고 말하는 것이 '자백하다'는 의미가 된다. 내가 나의 죄를 내 의지대로 말하는 것이 아니라, 성령을 통하여 보고 깨닫게 하신 죄를 그대로 내 언어로 말하는 것이다. 그러므로 회개는 내가 생각하고 내가 주체가 되어 내 잘못을 고백하는 것이 아니라, 하나님 앞에서 서려는 노력이 있어야 하고, 그 노력 속에서 하나님은 나를 세상과 분리시켜 하나님 앞에 선 자(코람데오)로 만드시며 내 죄를 드러내신다. 그때 우리는 내가 보고 깨달은 죄를 동의하며 하나님께 그대로 고백하는 것이 회개라고 할 수 있다. 이것을 통하여 우리는 죄 용서함을 받고, 하나님과 사귐을 가질 수 있다.

세상과의 분리 – 하나님 용서의 첫 단계

이상에서 언급하였듯이, 우리가 하나님 앞에 서게 되었을 때 우리의 죄가 드러나고, 우리가 그것을 인정하였을 때 하나님은 우리를 용서하신다. 하나님은 이미 모두를 용서하시기로 작정하셨지만, 그 용서가 내 것이 되기 위하여 거쳐야 할 과정이다. 그런데 여기서 중요한 것이 있다. 그것은 내가 내 마음대로 하나님 앞에 서기가 어렵다는 것이다. 죄의 영향력 때문이다. 죄 있는 자들은 두려움으로 하나님 앞에 서기가 힘들기 때문이다. 그 결과 하나님은 때때로 우리의 삶을 일상에서 분리하여 고립되게 하시고, 그 가운데에서 하나님을 찾게 만드신다. 아무도 없는 광야와 같이 고립된 곳에서 그리스도인들이 할 수 있는 일은 하나님을 찾는 일 외에는 없기 때문이다.

아브라함을 보더라도, 하나님은 그를 사용하시기 위하여 "본토 친척 아비의 집을 떠나라"고 하셨다. 이것은 하나님만을 의지하고 그 하나님과 교제하기 위한 하나님의 방법이었다. 이렇게 볼 때, 신앙은 "~로부터 떠나(turn from), ~에게로 가는 것(turn to)"라고 할 수 있다. 모든 신앙의 위인들이 이 과정을 경험하였다. '떠나라', 그리고 '가라' 이것이 신앙의 전부라고 할 수 있고, 훈련의 전부라고 할 수 있다. 죄짓고 살았던 익숙한 세상을 떠나, 하나님께로 돌아가야 용서와 치유와 회복이 있다. 그래서 호세아 선지자도 "오라! 우리가 여호와께로 돌아가자! 여호와께서 우리를 찢으셨으나 도로 낫게 하실 것이요 우리를 치셨으나 싸매어 주실 것임이라 여호와께서 이틀 후에 우리를 살리시며 제 삼일에 우리를 일으키시리니 우리가 그 앞에서 살리라"(호 6:1-2)라고 말하였다. 그러므로 현재, 나의 삶이 고립되어 외롭고 힘들다면, 그것을 부정적으로만 보지 말고 하나님 회복의 시작이라고 생각하라! 하나님께서 우리를 용서하시기 위한 시작일 수 있다. 그 가운데 성령의 음성을 민감하게 들어야 한다. 우리를 드러내시는 하나님의 방법을 받아들일 수 있어야 하기 때문이다.

공동체의 죄용서 - 부흥의 시작

개인적인 죄의 용서는 그것으로 끝나지 않는다. 성령이 역사하실 때, 소그룹 공동체 안에서 그 죄가 고백 될 수 있기 때문이다. 기독교 역사에서 소그룹이 중요하다고 하는 이유가 바로 여기에 있다. 기독교 부흥을 가져오는 공동체의 죄 고백은, 대그룹에서 먼저 일어나는 것이 아니라, 소그룹에서 시작되기 때문이다. 그런데 이 소그룹에서 시작되는 죄의 자백은, 이미 하나님께 죄 용서를 받은 사람이 주체가 되어, 하나님의 용서가 얼마나 중요한가를 깨닫게 하는 분위기를 만들고, 구성원들을 하나님 앞에 서게 만드는 일을 하게 된다. 이것이 가장 중요하다. 이미 앞에서도 언급하였지만, 하나님은 우리가 하나님 앞에 서게 하시기 위하여 우리를 세상과 단절시키시고, 고립시키기도 하신다. 그제야 하나님을 찾게 되기 때문이다. 그런데 소그룹에서 먼저 하나님의 죄 용서를 경험한 주체(리더면 더욱 좋음)가 그 중요성을 나누고, 성령의 도우심 가운데 구성원들을 하나님 앞에 서게 만들어 주면, 그 순간 구성원들이 성령 안에서 드러난 죄들을 서로 고백하며 하나님과 구성원에게 용서를 구하게 된다. 이러한 경우, 성령의 도우심이 절대적이며, 리더가 인위적으로 용서의 분위기를 만들어가면, 서로 어색해지고 진정한 죄 용서의 경험을 가질 수 없다.

기독교 역사를 보면, 죄의 자백이 공동체적으로 있었을 때 하나님의 부흥이 경험되곤 하였다. 모든 죄는 개인적이고 이기적이며 교만하다. 그런데 내가 죄를 깨닫고, 죄를 자백한다고 하는 것은 십자가를 지겠다는 의미이다. 우리가 하나님 앞에서, 그리고 형제와 자매 앞에서, 이같이 자신을 낮춘다는 것은 마음과 몸에 깊은 아픔을 받는 것이다. 생각해보라! 누가 자신의 치부와 같은 죄를 다른 사람들에게 드러내고 싶겠는가? 그러나 이 같은 깊은 아픔에서 우리는 예수님의 십자가를 우리의 구원이요 영원한 축복으로 체험한다. 또한, 성령께서 소그룹 공동체에 역사하시고 구성원들이 함께 용납할 수 있는 준비가 되어 있다면, 죄의 자백은 또 다른 사람에게도 깨달음을 주어 자신을 돌아보게 하여 연쇄적인 죄의 자백으로 이어질 수 있다. 기독교 역사 가운데 일어난 부흥 운동의 대부분이 이와 같은 과정을 거쳤다. 또한, 죄를 고백하는 것은 곧 제자의 길을 나서는 것과 같다. 제자는 제자훈련 프로그램으로 만들어지는 것이 아니라, 죄의 용서를 통하여 하나님과 사귐을 시작으로 출발하는 것이기 때문이다. 또한, 공동체의 일원으로 스스로 십자가를 지는 데에서 시작된다.

자백하지 못하는 죄

하나님께서 죄를 드러내시고 그 죄가 용서받을 수 있는 기회를 주시는 데에도, 그 죄를 자백하지 않는 경우가 있다. 다음으로 미룰 수도 있다. 그렇다면 드러난 죄가 자백되어 질 때까지 우리는 죄에 묶여 살아간다. 자유 함이 없다. 자유 함은 죄 용서를 경험한 자가 경험하는 선물과 같다. 그러나 죄 용서가 없으면, 우리는 죄의 노예가 되고, 종이 되어 묶여 살아간다는 점을 꼭 기억해야 한다. 우리의 삶에서 우리가 포로 되고, 묶여 살아가는 대부분 경우는, 죄에서 해방을 경험하지 못하였기 때문이다. 그러므로 그리스도인에게 죄의 자백은 자유를 주시기 위한 하나님의 기회임을 알아야 한다.

그렇다면 누구에게 자백해야 하는가? 그것은 먼저는 그 죄를 드러내신 하나님께 자백해야 하며, 다음으로는 함께하는 공동체 구성원, 또는 나로 인한 피해자이다. 우리는 십자가에서 우리를 용서하신 예수 그리스도의 사랑으로, 죄에 대해서는 죽고, 하나님의 의에 대해서는 산 자로 살아가는 첫 발자국을 떼게 된다. 이때, 십자가에서 죽으신 이에 대한 말씀대로, 우리의 죄를 자백하고, 그것이 공동체로 이어진다면 부흥을 경험할 수 있다. 그러나 우리가 소그룹 공동체에서 서로에 대한 죄를 자백하는 일에 인색하다면, 그것은 십자가에서 죽으신 예수 그리스도를 사랑하지 않기 때문이다. 십자가에서 죽으신 주님의 말씀이 살아 있는 곳에는, 형제와 자매, 서로 죄를 고백하고 용서하는 일이 일어난다. 이렇게 볼 때, **용서는 가슴속에, 화해는 관계 속에 있는 것**이다. 공동체적으로 죄를 자백할 수 있는 좋은 기회는 성찬이다. 성찬식 자체가 우리의 죄를 드러내고, 그 가운데 그 죄를 용서받기 위한 예식이기 때문이다. 그러므로 성찬식을 이용할 수 있다면 부흥의 좋은 기회를 만들어 갈 수 있다.

이상에서 보자면, 용서가 있을 때 하나님의 나라도 시작되며, 하나님의 부흥도 경험할 수 있다. 기독교 핵심 단어가 용서임을 다시 한번 깨닫게 된다!

그럼에도 불구하고 용서가 불편하고 마음이 따라가지 않는 경우가 있다. 아직 미움과 분노로 그 흔적이 남아 있는 경우가 있다. 어떻게 해야 할까? 이 경우, 그러한 그리스도인들에게 십자가를 묵상해 볼 것을 권유한다. 우리가 십자가 사건을 깊이 묵상할 때, 비로소 우리는 하나님의 신비한 속성과 마주하게 된다. 죄인을 용서하시고 구원하기 위하여 자신의 독생자 예수를 십자가에 달아 죽이실 만큼 죄에 대해서는 공의의 하나님이시지만, 동시에 아들을 우리에게 보내셔서 희생시키실 만큼 사랑의 하나님이라는 것을 깨달을 수 있기 때문이다. 십자가 사건은, 한없는 은혜를 경험한 그 시간으로 우리를 인도하여, 우리가 너무 큰 용서를 받은 자라는 것을 깨우치게 하는 곳이기도 하다. 우리가 감당할 수 없는 은혜를 받은 자라는 것이 깨달아질 때, 나는 나에게 잘못한 어떠한 사람도 용서할 수 있다.

십자가 위에 임한 하나님의 진노

십자가는 죄에 대한 하나님 공의의 진노가 온전히 쏟아 부어진 장소였다. 세례 요한은 그 모습을 미리 보며, "보라! 세상 죄를 지고 가는 하나님의 어린 양이로라"(요 1:29)고 선포하였다. 또한, 예수님이 제자들과 함께한 마지막 만찬에서 잔에 붉은 포도주를 따라서 마시며 새 언약을 세우셨다. 그 붉은 포도주는 하나님의 진노로 인하여 흘리게 될 예수님의 피를 상징하였다. 그리고 십자가를 앞두고 땀이 피가 되도록 했던 간절한 기도의 내용이 하나님의 진노를 상징하는 잔과 관련된 것이었다. 이 세상에서 드릴 수 있는 가장 큰 제사는 자신의 피를 드리는 것이고, 이 세상에서 가장 중대한 범죄는 피를 취하는 것이며, 이 세상에서 가장 무서운 처형 역시 피를 취하는 것이다. 이러한 이유로 우리는 하나님을 심판하시는 하나님으로 생각할 수 있는데, 정확한 표현이다. 하나님은 심판의 하나님이시기도 하다. 그래야 이 땅에 하나님의 공의가 세워질 수 있다. 그런데 놀라운 것은, 피를 드려야 하는 끔찍한 하나님의 진노가, 원래 죄인인 우리 각자에게 주어져야 했다는 것이다. 베드로 사도는, "그리스도께서 단번에 죄를 위하여 죽으사 의인으로서 불의한 자를 대신하셨으니 이는 우리를 하나님 앞으로 인도하려 하심이라 육체로는 죽임을 당하시고 영으로는 살림을 받으셨으니"(벧전 3:18)라고 말하였다. 그러므로 값으로 따질 수 없는 무거운 죄를 예수께서 대신 지시고 하나님의 진노를 감당하신 것이다. 우주의 창조자이신 하나님께서 그 독생자를 십자가에 못 박아 죽일 만큼 하나님의 진노가 컸다는 사실을 기억해야 한다.

그러므로 그리스도인들은 이 지점에서 오래 머물러야 한다. 우리 안에 있는 터무니없이 크고 거대한 죄를 먼저 사함을 받았다는 사실에 깊이 잠겨 있어야 한다. 용서받은 자로서 자신의 실존을 반복해서 되새김질하는 것이다. 이러한 하나님의 공의에서 우리가 용서받았다는 사실이 우리의 용서의 출발점이 될 수 있다.

십자가 위에 임한 하나님의 사랑

십자가는 죄인을 향한 하나님의 사랑이 얼마나 큰지를 보여주는 사건이기도 하다. 사랑은 언어적이든, 비언어적이든 표현되어야 한다. 그렇지 않으면 상대방은 그것을 전혀 알 수도 없고 느낄 수도 없다. 그런데 사랑을 표현하는 가장 강력한 방법은 희생과 죽음이며, 그것이 가장 선명하게 구현된 곳이 바로 골고다 언덕이다. 그러므로 우리가 십자가를 묵상할 때, 하나님의 사랑을 다시 깨달을 수 있고, 사랑이 경험되어지는 곳에는 회복과 용서와 화해가 있게 된다. 예수께서도 요한복음 3장 16절을 통하여 "하나님이 세상을 이처럼 사랑하사..."라고 표현하셨다. 나의 마음에 남아 있는 미움과 분노도 하나님의 사랑이 경험되어지면 눈 녹듯이 사라질 수 있다. 하나님 사랑의 표현에 비하여 나의 사랑의 표현은 얼마나 간단하고 작은 것일 수 있는가? 물론 개개인에게 그것을 결단하는 것이 양과 값으로 매겨질 수 없다고 하더라고 말이다.

예수님은 하나님의 사랑을 표현하기 위하여 가시관을 쓰셨다. 분명한 것은 길고 날카로운 가시였기에, 그것이 머리를 뚫고 들어갈 때 극심한 통증이 눈과 뺨과 입술 등에 전달되면서 예수님의 얼굴을 일그러뜨리셨을 것이다. 채찍은 모든 종류의 형벌 가운데 가장 잔인한 방식으로 간주되었는데, 사용된 채찍은 플래그럼(flagrum)이라고 불렸고, 20-30센티의 길이에 채찍 끝에는, 적게는 서너 개, 많게는 서른 아홉 개의 가죽 띠가 매달려 있고, 그 가죽 띠 끝에는 금속으로 만들어진 둥근 구슬들이나 양의 뼛조각, 혹은 유리 조각들이 묶여 있었다. 그러므로 채찍을 맞으면 양의 뼛조각들이나 금속 구슬들이 살 깊은 곳까지 파고 들어가 살집이나 핏줄, 신경과 근육 조직들을 잡아당기며 뜯어냈다. 따라서 채찍을 맞는 동안 구토와 기절 등이 간헐적으로 진행되었을 것이고 극심한 갈증을 경험하게 된다. 이것이 사랑의 표현이다. 이 사랑 때문에 용서함을 받았다. 그런데 나는 이웃을 사랑하라는 하나님의 명령에 어떻게 그 사랑을 표현할 수 있는가?

채찍질과 십자가와 연관된 모든 예수님의 고통은 죄인을 향한 예수님의 사랑을 보여주는 역설적인 발자취이다. 예수님은 죄인을 사랑한다는 증표로 죄인에게 따뜻한 차를 내주거나 멋진 선물을 주신 것이 아니라, 저주와 고통의 십자가를 대신 지셨다. 죄인이 받아야 할 저주를 자신에게 쏟아붓는 것으로 사랑을 표현한 것이다. 아직 용서할 준비가 되지 않았는가?

아무것도 두려워 말라

용서받고 용서하기가 힘들고 어려운 이유가 있다. 그것은 죄 때문에 생겨난 두려움 때문이다. 그 두려움은 우리가 하나님 앞에 서는 것을 막고, 막연한 공포와 힘들고 어려운 마음을 가져다준다. 마치 환자가 육체적으로 아파서 병원에 갈 때, 혹시 내가 알지 못하는 병이 있을까 하여 막연한 두려움을 가지는 것과 같다. 예전에 나에게는 주치의와 같은 의사 선생님이 계셨다. 그분은 환자 한 분을 진단하고 대화하는데 보통 20분 이상을 사용하셨다. 그래서 그 병원에만 가면, 대기 시간이 보통은 1시간이 된다. 환자가 많으면 1시간 이상도 된다. 그런데도 그 병원을 가는 이유는, 일단 자기 차례가 되면, 의사 선생님이 자상하게 대화를 하며 내 몸의 상태를 점검해 주기 때문이다. 의사 선생님은 내가 묻지도 않은 근래 생활 습관과 태도에 대해서도 물어보시고, 또 기본이 되는 진단을 해주셨다. 그리고는 진단 결과 판단이 서면, 내가 알아들을 수 있도록 차근차근 설명해 주신다. 먹지 말아야 할 음식에 대해서는 왜 그 음식이 안 좋고 어떠한 영향을 끼치는지에 대해서 상세하게 설명해 주셨다. 그런데 이러한 상황이 병원을 갈 때마다 반복되는 일이다 보니, 의사 선생님은 내 몸 상태를 훤히 아시는 주치의가 되신 것이다. 그러니 그 병원에 환자가 넘쳐날 수밖에 없다. 이 의사 선생님은 당신의 건강을 위하여 일주일에 두 번 출근하셔서 환자를 보시는 여의사셨다. 그런데 코로나 기간에 병원의 상황이 안 좋아져서 병원을 그만두시게 되어 헤어지게 되었다.

나는 아직도 이 의사 선생님이 생각난다. 삶의 모든 부분에 모범이 되기 때문이다. 나 또한 이러한 지도자가 되어야겠다고 다짐하기도

했다. 그런데 죄인인 우리가 하나님 앞으로 나아갈 때, 이 의사 선생님보다 더 친절하고 세밀하게 우리를 진단하시고 설명해 주시며 우리 두려움을 사라지게 해주시는 분이 계신다. 바로 예수 그리스도이다. 요한일서에 보면, "만일 누가 죄를 범하여도 아버지 앞에서 우리에게 대언자가 있으니 곧 의로우신 예수 그리스도라 그는 우리 죄를 위한 화목제물이니 우리만 위할 뿐 아니요 온 세상 죄를 위함이라"(요일 2:1-2)고 하였다. 직접 우리 죄를 위하여 하나님의 화목제물이 되셔서 우리 죄의 문제를 해결해 주셨기에, 우리가 하나님 앞에 설 때마다 마치 우리의 변호사의 역할을 감당하며 아버지께 우리의 마음을 대변해 주신다. 그러니 아무런 걱정이 필요 없다. 아버지 앞에 서기로 결단만 하면, 예수께서 돕는다. 그래서 우리가 하나님과 화목하게 하시며 그 용서의 결과를 누릴 수 있도록 도우신다. 이제 담대히 하나님 앞에 서자! 우리 있는 모습 그대로를 내려놓자! 그리고 하나님과의 화목을 경험하여 용서를 경험하고 용서하는 그리스도인이 되자!

엄마! 밥은 먹고 다녀?

작년 십자가 컨퍼런스의 일이다. '용서'를 주제로 강의가 진행되고 있었는데, 마지막 날 밤 강의가 끝난 뒤, 함께 기도하는 시간이었다. 스텝 중에 한 청년이 크게 기도를 하며 몸을 잘 가누지 못할 정도로 울부짖었다. 그러다가 갑자기 일어나서 밖으로 뛰어나갔다. 왜 그러는가 봤더니, 코에서 피가 난 것이다. 아마도 몸을 쓰며 울부짖어 기도하면서 몸이 부딪혀 피가 난 것 같았다. 그 청년은 피를 닦고 다시 기도하는 곳으로 돌아가 크게 울면서 기도했다. 무슨 일이 있는가 걱정하였는데 그 사연을 다음날 들을 수 있었다.

이 청년이 컨퍼런스에 참석하여 말씀을 듣던 중, 성령님은 어머니를 용서하라는 마음을 주셨다. 이 청년은 어릴 때 보육원에서 자랐는데, 그 보육원으로 데려간 사람이 엄마였다. 엄마가 손을 잡고 데려가서 이 청년을 맡긴 곳이 보육원이었다. 그때부터 이 청년은 엄마에 대한 원망 있었던 것 같다. '왜 나를 버렸을까?'라는 의문 때문이었다. 그러다가 엄마가 청년이 되었을 때, 보육원으로 찾아와서 다시 집으로 데려갔다고 한다. 그런데 그 집에는 낯선 새아버지가 계셨다. 그곳에 적응하지 못한 이 청년은 집을 나와 독립하여 살게 되었고, 간간히 일을 하여 자신의 삶을 꾸려 나갔다. 그런데 엄마는 경제적으로 풍성치 못하여 힘들 때마다 이 청년에게 돈을 빌려가곤 하였다. 그런데 십자가 컨퍼런스를 시작하는 날도 엄마에게 전화가 와서 돈을 빌려드렸다. 그 돈은 공과금을 내어야 하는 돈인데, 엄마에게 먼저 빌려드린 것이다. 그리고는 '엄마가 이 돈을 빨리 갚아야 공과금을 내는데, 엄마는 왜 이렇게 나에게 돈을 빌려가며 사는 것일까?' 불평과 원망이 있었다.

컨퍼런스 기간 중, 용서에 관한 말씀을 한 번, 두 번 듣게 되면서 엄마를 용서해야 한다는 마음이 계속 일어나, 용서해야 하는가 말아야 하는가에 대한이 싸움이 시작되었다. 그러다가 마지막 시간에 말씀을 듣고, 하나님께 펑펑 울면서 기도하다, 드디어 엄마를 용서하기로 작정하였다. 긴 울부짖음, 그리고 피를 토하는듯한 싸움, 그리고 지나간 시간에 대한 회상, 이 모든 것이 지난 뒤, 이 청년은 엄마를 용서하기로 작정하였다는 것이다. 그리고는 밤 10시가 넘어서 엄마에게 전화하였다. "엄마, 밥은 먹고 다녀? 몸 건강히 잘 챙겨!"라는 말이었다. 이것이 이 청년이 엄마를 용서하고 첫 번째로 엄마에게 말한 용서의 메시지였다. 그리고는 밤12시가 넘은 시간에 스텝 회의 시간에 이 사실을 간증하여 감동과 눈물로 감사를 나누었다. 나는 이 이야기를 듣고는 눈물을 펑펑 쏟았다. 나는 메시지를 전했을 뿐인데, 이러한 실천을 한 청년이 위대해 보였다. 얼마나 힘들었을까? 얼마나 아팠을까? 얼마나 외로웠을까? 왜 미리 알지 못했을까? 많은 생각이 교차하였다. 우리 내면 한구석에도 이처럼 용서하지 못한 응어리진 구석이 있지는 않을까? 생각도 해보았다. 그러니 하나님께 용서받고, 또 용서할 수 있는 사람이 되어야 마땅함을 다시 한번 깨닫게 되었다. 이 청년은 컨퍼런스를 통하여 하나님으로부터 용서의 경험과 은혜를 받았고, 그 결과 엄마를 용서할 수 있는 힘을 얻었기 때문이다.

제 5 강
용서에 숨어 있는 하나님의 마음
- 너를 포기하지 않을거야 -

"하룻밤에 말라버린 이 박넝쿨을 아꼈거든 하물며 이 큰 성읍 니
느웨에 좌우를 분변하지 못하는 자가 십이만여 명이요 가축도 많
이 있으니 내가 어찌 아끼지 아니하겠느냐 하시니라" (욘 4:10-11)

"우리가 아직 죄인 되었을 때에 그리스도께서 우리를 위하여 죽으
심으로 하나님께서 우리에 대한 자기의 사랑을 확증하셨기" (롬 5:8)

"그러나 나의 종 너 이스라엘아 내가 택한 야곱아 나의 벗 아브라
함의 자손아 내가 땅 끝에서부터 너를 붙들며 땅 모퉁이에서부터
너를 부르고 네게 이르기를 너는 나의 종이라 내가 너를 택하고 싫
어하여 버리지 아니하였다 하였노라" (사 41:8-9)

세상에서 가장 널리 알려진 찬송가가 있다. "때 저물어 날 이미 어두니"라는 제목의 찬송가이다. 이 찬송가는 유독히 인도의 간디가 좋아하여 인도 공화국의 날에 연주된다고 한다. 힌두교의 국가에서 찬송가가 국가 국경일에 연주되는 것이다. 그리고 올림픽 개막식에서도 불려졌고, 여러 세계적인 행사 때 들려지는 찬송가이다. 왜 널리 이렇게 알려졌을까? 아마도 이 찬송가의 가사 내용 때문이 아닐까? 이 찬송가는 성공회 주교 헨리 라이트(Henry Francis Lyte)가 작사하였다. 그는 인생 말년에 불치의 병에 걸려 인생을 돌아보며 하나님을 묵상하며 이 시를 적을 수 있었다. 병으로 요양을 간지, 한 달 뒤에 세상을 떠났다. 이 시에 뭉크(William Henry Monk)가 곡을 붙였다. "때 저물어 날 이미 어두니 구주여 나와 함께 하소서 내 친구 나를 위로 못할 때 날 돕는 주여 함께하소서" 1절 가사에도 나타나 있지만, 인생의 황혼, 어느 누구도 의지할 수 없을 때, 주께서 옆에 계셔달라는 내용이다. 누구나 한번 왔다가 떠나는 세상에서, 죽음을 앞두고 외롭고 쓸쓸한 시간에 주님께서 나와 함께 해 달라는 간절함이 배여 있다. 세상의 친구들은 나를 도울 수 없고, 끝까지 나와 함께 하지 못하지만, 주님은 끝까지 내 곁에 계실 수 있는 분임을 고백하는 것이다. 이 찬양을 듣는 모든 사람들은 죽음을 한 번씩 생각하며, 그때 끝까지 함께 해주실 수 있는 신적인 도움을 마음으로 요청할 것이다.

죽음을 앞두고 있는 사람들이 가장 후회하는 것 가운데 하나가 용서해야 할 사람들을 용서하지 못하고 살아온 것이라고 한다. 인생을 정리하고 죽음을 맞이해야 하는데, 용서하지 못한 사람이 마음에 남아 있는 것이다. 왜 용서하지 못한 사람이 마음에 걸려 남아있을까? 여러 가지 이유가 있겠지만, 하나님께 가장 큰 용서를 받은 자로서 살아왔는데, 나에게 잘못한 사람을 용서하지 못했기 때문이다. 내 양심이 나를 향하여 이기적인 모습을 지적하고 있기에 마음에 남아 있는 것이다. 그러므로 위의 찬양을 부르면서 우리의 죽음을 생각하고 준비할 수도 있지만, 용서하지 못한 자를 용서함으로 우리에게 다가올 죽음을 준비하는 것은 어떨까? 하나님은 그때까지도 내가 용서하기를 기다리고 계신다. 우리가 용서할 수 있을 때 이 찬양을 더 진솔하게 부를 수 있지 않을까?

용서를 전하지 못하는 선지자

용서는 기독교 복음의 핵심이다. 예수 그리스도께서 우리의 죄를 용서하기 위하여 십자가에서 죽으셨고 부활하여 우리의 구원자가 되셨기 때문이다. 누구든지 예수님을 구원자로 받아들이고 믿으면 구원받는다. 하나님은 이 사실을 널리 전하여 모든 백성, 모든 민족이 구원받기 원하신다. 이것이 복음 전도다. 그리스도인이라면 누구든지 주님께서 주신 지상명령을 삶 속에서 실천해야 한다. 복음 전도를 한다는 것은 우리의 죄에 대한 하나님의 용서를 전하는 일이다. 그래서 용서가 기독교 복음의 핵심이다. 또한, 하나님은 당신께 용서를 받은 그리스도인들이 서로 용서하며 살기를 원하신다. 그러나 이러한 사실을 알고 있어도 용서하는 일이 불편할 때가 많다. 용서해야 한다는 것을 알면서도 못 할 때가 있기 때문이다. 이러한 사례가 성경 요나서에 나타나 있다. 물론 요나는 구약의 사람이지만, 선지자였기에 하나님의 마음을 다른 사람보다도 잘 알고 있는 사람이었으며, 구약에서도 용서에 관한 메시지가 기록되어 있기 때문이다. 특별히 하나님 나라 모습의 그림자라고 할 수 있는 희년의 실천은 서로 사랑하는 마음에서 기반한 용서 없이 그 실천이 불가능하다.

요나는 북이스라엘의 선지자였지만, 원치않는 소명을 받고 하나님과 평행선을 만들며 나아간다. 이스라엘을 힘들게 한 나라, 그리고 하나님을 알지 못하는 이방인의 대표적인 나라가 하나님의 말씀을 듣고 회개하며 돌아온다는 것을 받아들일 수 없었기 때문이다. 요나는 도망갔지만, 그 과정에서도 분명히 하나님의 뜻과 마음이 개입되었다. 그러나 요나는 그것을 중요하게 받아들이지 않고 물고기 뱃속에서 죽게 되었다. 하지만 그곳에서 다시 회개하고 하나님의 대언자로 서지만, 자신이 외친 하나님의 말씀에 금식하고 회개하는 니느웨 사람들을 보며 성내고 화를 내었다. 분명히 회개하고 선지자로서 하나님의 말씀을 듣고 다시 섰는데, 그리고 그 말씀을 선포하여 백성들이 회개하며 무릎을 꿇었는데도 요나는 기뻐하지 않고 오히려 화를 낸 것이다.

왜 그랬을까? 필자는 요나서의 핵심이 4장이라고 생각한다. 요나와 하나님과의 진솔한 대화가 나타나 있고, 요나의 마음과 하나님의 마음을 읽을 수 있는 곳이기 때문이다.

용서에 관한 불편한 진실 - 가해자의 용서를 받아 들일 수 없을 때

요나서 4장은 1절에 보면, "요나가 매우 싫어하고 성내며"라고 시작한다. 왜 그랬을까? 니느웨 사람들이 하나님께 회개함으로 재앙이 내리지 않게 되었기 때문이다. 악인에게도 자비를 베풀어 주시는 하나님을 이해하지 못하였기 때문이다. 그런데 여기에 문제가 있다. 요나의 잘못은, 사랑의 하나님은 이스라엘의 하나님만이어야 했다. 하나님의 사랑이 이방인들에게, 그것도 자신들의 원수인 니느웨 사람들에게 임하는 것을 받아들일 수 없었다. 이것 때문에 요나는 하나님께 화가 난 것이다. 니느웨에 말씀을 선포하며 설마 했는데, 역시나 하나님은 이스라엘의 원수까지 용서하셨다. 요나는 가해자의 회개를 받아들일 수 없었다. 물론, 니느웨가 이스라엘에게 직접적으로 회개한 것은 아니다. 하지만 하나님께서 그들의 회개를 받으시고 용서하시면, 다음으로 그들이 잘못한 자들에게 용서를 구할 것이다. 이것이 하나님께 진정으로 용서받은 자들의 자세이기 때문이다. 요나는 이것을 미리 예측했을 수도 있다. 그런데 요나는 아직 준비가 안 되었다. 가해자들이 용서를 구할 때 받아들일 수 있는 준비가 되지 않은 것이다. 그리고 왜 하나님께서 이렇게까지 하시는지 알지 못했다. 이것이 용서에 관한 불편한 진실이다. 가해자의 용서를 받아들일 준비가 되지 않았을 때, 요청하는 용서를 받아들이지 못하는 것 말이다. 그렇다면 용서를 받아들이지 못한 요나에게 하나님은 어떻게 하실까?

하나님은 요나를 꾸짖지 아니하시고, 박넝쿨을 주시며 햇빛을 피하게 하셨다. 그러나 다음 날 벌레가 그 박넝쿨을 먹어 마르자 요나는, "사는 것보다 죽는 것이 내게 나으니이다"라고 탄식하였다. 그때 하나님은 요나에게 말씀하신다. "하룻밤에 말라버린 이 박넝쿨을 아꼈거든 하물며 이 큰 성읍 니느웨에 좌우를 분변하지 못하는 자가 십이만여 명이요 가축도 많이 있으니 내가 어찌 아끼지 아니하겠느냐"(욘 4:10-11). 하나님의 마음이 표현되었지만, 요나는 원수를 용서하신 하나님을 알 수 없었다. 바로 이 지점이 불편한 지점이다. 가해자가 회개하였고, 용서를 구했으니 용서를 해주기만 하면 되는데, 미운 감정, 자존심, 받은 상처 때문에 용서하지 못한다. 용서에 관한 성경의 원칙과 하나님을 몰라서가 아니다. 그런데도 이 지점에 이르게 되면, 용서에 대한 성경의 가르침도 무용지물이 되기도 한다. 요나처럼 말이다.

용서의 불편한 진실 - 나는 너를 포기하지 않는다

하지만 하나님은 이러한 요나를 다듬으신다. 하나님을 온전히 아는 선지자로 세워가시는 것이다. 절대 포기하지 않으신다. 니느웨도 포기하지 않으시는데, 하물며 하나님의 백성을 포기하실까? 그래서 하나님은 용서 가운데, 가해자와 피해자로 서 있는 양측 모두를 다듬어 가신다. 이것이 하나님의 방법이다! 그렇기에 요나서 어디에도 요나가 하나님의 심판을 받았다고 말하는 구절은 없다. 그렇다면 결론은 무엇인가? 이렇게 미적한 모습으로 끝나는 요나서의 결론이 말하고자 하는 바가 무엇인가? 그 안에 담겨 있는 하나님의 마음은 이렇다! "그럼에도 나는 너를 포기하지 않아! 너를 통해 일할 거야!" 하나님은 요나를 기다리시는 것이다. 그렇기에 요나서의 결론이 희미해 보인 것이다. 끝까지 요나를 기다리시는 하나님! 요나를 다듬으셔서 사용하기를 원하시는 하나님! 그렇기에 우리에게도 아직 기회가 있다. 하나님은 당신의 사랑을 관심으로, 기다림으로 표현하고 계신다. '아무리 네가 불순종하고, 네 멋대로 살아간다고 할지라도, 나는 너를 포기하지 않아! 너를 통해서 일할 거야!' 이것이 하나님의 마음이다. 이러한 하나님이 우리의 하나님이시기에, 오늘날에도 하나님의 일은 지속되고 있으며, 부족하고 연약한 자들을 통하여 하나님의 나라는 확장되고 있다. 그렇기에 요나서는 4장으로 끝난 것이 아니라, 오늘날에도 계속 진행형으로 쓰여지고 있다.

배신한 제자들을 찾아가신 예수님

요한복음 21장에도 비슷한 이야기가 나온다. 이곳에는 부활한 예수님을 만나고도, 다시 물고기를 잡으러 간 제자들을 찾아가신 예수님의 이야기가 나온다. 어떻게 보자면, 또다시 배신한 제자들인데, 예수님은 그들을 포기하지 않으시고 찾아가신다. 그리고 그들에게 말을 먼저 건네신다. **"그물을 배 오른편에 던져라" 예수님은 지속적으로 관심을 표현하고 계신다.** 그리고는 제자들의 수장인 베드로에게 다시 소명을 주시며, '나는 너를 통해서 일할거야!'라는 당신의 마음을 확인해 주셨다. **예수님의 십자가 사건은 이러한 하나님의 마음을 최고로 표현하신 방법이다. "우리가 아직 죄인 되었을 때에 그리스도께서 우리를 위하여 죽으심으로 하나님께서 우리에 대한 자기의 사랑을 확증하셨기"**(롬 5:8) **때문이다.** 우리가 죄인으로 하나님 없이 살아가고 있었을 때, 하나님은 우리에게 관심을 표현해 주셨고, 사랑을 표현하셨으며 말을 건네 오셨다. 왜냐하면 나 아니면 안되기 때문이다. 이것이 복음의 핵심이다.

나는 너를 버리지 않아 - 바벨론 포로기 있는 이스라엘을 향하신 하나님의 용서

하나님이 포로에 있는 이스라엘을 찾아가셔서 그들을 불러 주신 명칭을 보면, 이스라엘의 정체성이 드러난다. 그들이 누구인지를 분명하고 명확하게 알 수 있는 명칭이었다. 때로 사람들이 너무 힘들고 어려운 때를 지나면, '내가 누구인지?' '나는 무엇하는 사람인지?' '내가 무엇을 하고 살아야 하는지?' 혼란스럽고 잘 알지 못할 때가 있다. 그렇기에 힘든 그 시간에 그들이 해야 할 일들을 손 놓고 있을 때가 많다. 그래서 회복이 더뎌지기도 한다. 하나님은 그러한 상황에 놓여 있는 이스라엘을 향하여 그들이 정체성을 확인할 수 있는 명칭을 불러 주셨다.

1) "나의 종 이스라엘"

먼저는 "나의 종 이스라엘"이라고 부르셨다. 그렇다! 이스라엘은 하나님의 종이었다. 여기서 "종"이란 주종관계를 의미한다. 주인이 있다는 것이다. 그분이 바로 하나님이시다. 고대 근동 사회에서 종의 주권과 생명은 주인에게 달려 있었다. 그러므로 어떠한 주인을 만나느냐에 따라서 종의 운명이 결정되어 진다. 그러나 공통적인 것은 주인과 종의 관계이다. 종은 주인에게 충성을 다하여야 하고, 주인의 명령에 복종하여야 한다. 그리고 주인은 그러한 종을 보살피며, 생계를 책임져 주어야 하고, 종의 삶에 관련된 모든 것을 책임져야 할 위치에 있다. 이러한 그 시대의 사회적인 상황 안에서 종의 의미를 살펴본다면, 하나님께서 이스라엘을 "종"으로 불러 주신 이유가 나타난다. 그것은 이스라엘은 지금 그들의 주인을 바벨론으로 생각하고 살아가고 있기 때문이다. 포로기를 살고 있기에 바벨론이 그들의 주권을 빼앗아 좌지우지 하고 있는 상황이기 때문이다. 그러나 하나님은 '세상의 힘 있는 나라가, 힘 있는 사람들이 너희의 주인이 아니다. 너희들은 그들의 종이 아니다'라고 선언하고 계신 것이다.

그렇다! 지금 현실적으로 내 삶을 좌지우지하고 있는 것에 얽매여 살아가고 있다고 할지라도, 그것이 내 삶의 주인이 될 수 없다. 주인처럼 행세하여도 그것이 주인이 아니다. 하나님은 그것을 선포하고 계신 것이다. 지금 바벨론은 이스라엘의 주인처럼 행세하고 그들을 종처럼 부리고 있지만, 이스라엘을 보호하거나 그들의 행복을 위하여 주인처럼 행세해 주지 못한다. 이것이 일반적인 세상의 주종관계이다. 그렇기에 하나님은 선언하신다. '내가 너희의 주인이다! 너희는 나의 종이다'! 하나님은 이 관계를 먼저 정확히 정립하신 것이다. 하나님을 주인으로 섬길 때, 당신의 종된 우리들을 책임져 주시고, 인도하시며, 이끌어 주신다.

2) "나의 택한 야곱아"

다음으로 하나님은 "나의 택한 야곱아"라고 부르신다. 이스라엘이 한참을 잃어버린 명칭이었다. 왜냐하면, 이 명칭을 이해하려면, 야곱이라는 조상으로 한참을 올라가야 하고, 이러한 명칭은 하나님과의 관계가 좋을 때, 하나님을 생각하며 그 뜻대로 살아가고자 한 조상들을 떠올리며 생각할 수 있는 명칭이기 때문이다. 그런데 이스라엘은 하나님이 불러 주신 이 명칭을 듣고 생각해보니 참 은혜가 되었을 것이다. 왜냐하면 하나님이 당신의 백성들을 불러 주셨을 때, 그들이 잘나거나 가진 것이 있어서 불러 주신 것이 아니었기 때문이다. 오히려 내가 삐딱하여 내 것만 챙기고 나를 사랑하며 나 이외에 다른 것을 바라보지 못했을 때 나를 불러 주셨다. 그것이 하나님의 선택이었다. 왜 그런지 알 수 없었다.

야곱이라는 명칭은 아직 인간적인 찌꺼기가 많이 남아 있는 상태에 있는 사람을 통칭하는 단어이기도 하다. 여기저기에 흙이 묻어 있고, 하나님의 연단으로 잠도 잘 자지 못하여 지친 모습이 역력히 나타나는 사람이 야곱이다. 아직 훈련중에 있는 하나님의 사람의 모습이다. 그런데 하나님은 그러한 '야곱'이라는 명칭을 사용하셨다. 이 명칭이 주는 의미는, 이스라엘의 포로기가 하나님의 훈련 가운데 있다는 것을 확인시켜 주시는 것이다. 이스라엘은 나라를 빼앗기고, 삶이 힘들고 어려워 하나님을 원망하며 설령 떠났을지라도, 하나님은 포기하지 않으시고 지금도 그들을 훈련시켜 가시고 계신다는 의미이다. 또한, 자신들이 하나님을 향하여 한 일들 때문에 자괴감이 들어 감히 하나님께 돌아오지 못한다고 생각할지라도, 하나님은 '내가 너를 야곱일 때 택하였다'라고 하시며, 그들의 부담감을 덜어주고 계시는 것이다. 네가 야곱인 것을 다 알고 있으며, 그렇게 야곱의 행동들을 할 때 너를 불렀기에, 있는 그대로 다시 돌아오라는 말씀이다.

3) "나의 벗 아브라함의 자손아"

마지막으로 "나의 벗 아브라함의 자손아"라고 부르신다. 실은 이스라엘이 가장 듣고 싶었던 명칭이었을 것이다. 아브라함은 그들의 신앙적인 아버지와 같은 존재이고 아브라함의 품은 항상 그들의 동경의 대상이 되었기 때문이다. 또한 아브라함의 자손이라는 표현은 하나님께서 아브라함에게 말씀하시고 약속하신 모든 축복과 언약을 이루고 가고, 누릴 수 있는 후사를 의미하는 말이기도 하다. 그렇기에 하나님은 바벨로 포로기에서 힘들게 살아가고 있는 이스라엘을 향하여, '비록 너희의 삶이 지금 밑바닥이라고 하여도, 너희는 나의 벗 아브라함의 약속을 이어갈 후사들'이라고 선언해 주고 계신 것이다. '너희가 아니면 아브라함과 약속한 언약을 이룰 자가 없고, 그 약속된 축복을 누릴 자가 없다'는 표현이기도 하다. 세상의 밑바닥을 살고 있는데, 어느 날 한 변호사가 찾아와서 "당신이 백만장자의 재산을 상속받을 후계자입니다"라고 말해주며 그 신분을 상승시키며 정체성을 되찾아주는 것과 같은 모습이다. 오늘 우리에게 이러한 하나님의 음성이 들려지기를 원한다.

그 하나님은 이스라엘이 궁극적으로 하나님의 벗이라는 사실도 가르쳐 주신다. 이 얼마나 기쁘고 감사한 일인가? 나는 끝이라고 생각했는데, 하나님은 아직 진행 중이라고 하신다. 나는 소망이 없다고 생각했는데, 하나님은 네가 후사라고 말씀하신다. 나는 감히 하나님을 뵐

면목이 없는데, 하나님은 너는 나의 벗이라고 말씀하신다. 이 하나님의 소리에 귀 기울이자!

* 하나님께서 나를 버리지 않는 이유

하나님께서 아무리 우리를 포기하지 않으셨다고 말해 주어도, 나를 싫어하지 않는다고 말해주며 그 정체성을 확인해 주어도, 연약하고 죄 많은 우리 입장에서는 그 말씀이 미더운 것이 사실이다. 그것은 내가 하나님께 나갈 수 있는 자격이 안 되고, 또한, 하나님께 죄송한 것이 많기 때문이다. 그리고 무엇인가 눈으로 확인하고 손으로 만져지는 것이 없기 때문에도 그렇다. 그런데 하나님은 그러한 우리들을 다시 확인시켜 주신다. "내가 너를 싫어하지 않는다" "내가 너를 버리지 않았다"라고 선언하고 계시는 것이다. 그러면서 그 이유를 말씀하신다. "내가 땅끝에서부터 너를 붙들며, 땅 모퉁이에서부터 너를 불렀다"라고 말씀하신 것이다.

여기서 "땅끝" "땅 모퉁이"는 어디를 가리킬까? 그것은 하나님의 은혜의 사각지대라고 말할 수 있다. 즉, 하나님의 은혜를 전혀 기대할 수 없는 장소이다. 하나님의 도움과 은혜가 오리라고는 전혀 예상하지 못한 그곳에서, 하나님은 그들을 부르시고 붙잡으셨다. 그렇다면 구체적으로 이스라엘에게 "땅끝"과 "땅 모퉁이"는 어디였을까? 그것은 바로 애굽이었다. 그들이 430년 동안 애굽에서 살 때, 그들은 하나님

없이 애굽 사람처럼 살았다. 하나님은 그저 조상들의 하나님이었다. 그들은 애굽에 있는 온갖 우상을 다 섬기며 애굽 사람처럼 살았다. 그러다가 애굽에 쿠테타가 일어나 왕조가 바뀐 뒤, 그들은 노예처럼 살게 되었고, 하나님의 일방적인 은혜로 그곳에서 해방되어 한 민족을 이룰 수 있었다. 그들이 잘나서, 그들이 내세울 것이 있어서, 하나님이 그들에게 은혜를 베푸신 것이 아니었다. 하나님의 일방적인 선물이었다. 값없이 주시는 선물이었다.

이제 하나님의 마음을 조금 더 알았으면, 기다리시는 하나님께 응답하여야 한다. 내가 용서할 수 없었던 사람들과 이웃들을, 하나님의 도우심으로 용서하고 사랑하며 용납하여야 한다. 이때 하나님의 나라가 이 땅에 펼쳐지기 시작한다. 나를 기다려주신 하나님을 향한 보답이 이것이다. 하나님 말씀대로 하나님을 사랑하고 이웃을 사랑하는 것이다. 서로 용서하며 이 땅에 하나님의 나라를 이루어 가는 것이다. 이제 우리 주변에 용서하지 못한 사람들을 돌아보고 주님께 용서할 수 있도록 도움을 요청해야 하지 않을까?

제 2 부

성경에 나타난 용서이야기

첫 번째 이야기
용서에 담긴 비밀

그 때에 베드로가 나아와 이르되 주여 형제가 내게 죄를 범하면 몇 번이나 용서하여 주리이까 일곱 번까지 하오리이까 예수께서 이르시되 네게 이르노니 일곱 번뿐 아니라 일곱 번을 일흔 번까지라도 할지니라…. 너희가 각각 마음으로부터 형제를 용서하지 아니하면 나의 하늘 아버지께서도 너희에게 이와 같이 하시리라(마 18: 21-35)

용서는 기독교 복음의 핵심입니다. 예수님은 그리스도인들을 향하여 용서하라고 명령하십니다. 해도 되고, 안 해도 되는 사항이 아닙니다. 반드시 용서하라는 것입니다. 왜 용서하며 살아야 할까요? 우리가 하나님으로부터 감당할 수 없는 큰 용서를 받은 자이기 때문입니다. 이것은 은혜라고 합니다. 그런데도 용서는 힘든 일 중의 하나입니다.

역사적으로 유대인들과 나치를 살펴보면, 나치는 유대인들에게 지울 수 없는 아픔과 상처를 남겼으며, 하마터면 한 민족이 몰살당할 뻔하였습니다. 유대인들은 그러한 나치들의 만행에 대하여 "용서는 하되 잊지는 말자"라고 다짐했다고 합니다. 이러한 다짐은 세상적으로 보자면, 너무 훌륭한 일입니다. 나치의 만행 때문에 한 민족이 몰살당하고 가족이 처참하게 죽어갔는데, 어떻게 용서할 수 있겠습니까? 그런데 그들은 용서하기로 한 것입니다. 단 잊지는 말자는 것이지요. 그런데 이것을 성경적으로 보자면, 온전한 용서가 아닙니다. 과거의 과오를 잊지 않는 사람들은 언제든지 복수 할 수 있는 사람들이고, 또 살아가면서도 나치와 만나면 승부 욕이 불타오를 수 있고, 높은 위치에 있는 유대인들이 그들에게 불이익을 줄 수 있기 때문입니다. 그렇다면 진정한 용서는 가능한 것일까요? 왜 예수님은 진정한 용서를 하라고 우리에게 명령하고 계신가요?

우리는 얼마나 용서하며 살아야 할까요? 베드로가 예수님께 나와서, 형제가 내게 죄를 범하면 몇 번이나 용서하리이까? 일곱 번까지

하오리까? 라고 질문합니다. 베드로가 이렇게 질문한 이유가 있습니다. 당시 유대인들은 3번까지 용서하라고 가르쳤습니다. 네 번째부터는 복수할 수 있다는 것입니다. 그렇기에 베드로는 유대인의 기준에서 두 배 이상을 부풀려서 예수님께 질문한 것입니다. 그런데 예수님은 그러한 베드로를 칭찬하시지 않고, '일곱 번을 일흔 번까지라도' 라고 말씀하셨습니다. 여기서 '일곱 번을 일흔 번까지라도'라는 표현은 무제한을 의미합니다. 숫자에 의미가 없습니다. 완전 수인 7과 70의 곱셈은 결국 제한 없이 계속 용서하라는 뜻이기 때문입니다.

그리스도인은 하나님께 한없이 용서받고 자유한 자

그렇다면 우리는 왜 용서하며 살아야 합니까? 왜 이것이 우리에게 주어지는 명령이어야 합니까? 앞에서 잠시 언급하였지만, **첫째, 우리는 이미 하나님께 한 없는 용서를 받고 자유인이 된 사람이기 때문입니다.** 우리와 하나님과의 관계는 본질상 진노의 자녀였고, 하나님의 심판의 대상이었습니다. 그런데 하나님께서 그 아들을 십자가에 희생하시면서 우리를 용서해 주셨습니다. 그 용서가 없었다면 오늘날의 우리도 없습니다. 그렇기에 너무 큰 용서를 받은 우리가, 우리에게 죄를 지은 사람들을 용서하지 못한다면, 그것은 용서받은 사람의 태도가 아닙니다.

둘째, 우리 인간의 한계 때문입니다. 인간은 하나님의 형상과 모습대로 지음을 받았지만, 죄를 짓고 하나님과 관계가 멀어지고 죽을 운명에 처하게 되었습니다. 다행히도 예수님의 십자가의 공로로 다시 회복되고 구원받았지만, 여전히 한계를 가지고 살아갑니다. 이것은 무엇을 의미하냐면, 그리스도인들도 이 땅을 살아가면서 죄짓고, 다른 사람들에게 피해를 입히며 살아갈 수 있는 존재라는 것입니다. 이것은 필연적입니다. 그렇다면 우리는 이 세상을 살아갈 때 서로의 용서가 반드시 필요한 존재입니다. 내가 용서하지 않으면 이 세상은 살기 어려운 세상이 되고, 또한 용서하지 않는 나는 하나님의 은혜를 잊고 하나님으로부터 멀어져 죽어가는 존재가 될 것입니다. 그리스도인들이 그렇다면 비그리스도인들은 얼마나 더 용서가 필요하겠습니까? 이렇게 보자면, 용서는 윤리의 문제가 아니라, 내가 살기 위해서 반드시 필요한 사항이고, 세상을 살리기 위해서 반드시 필요한 일입니다. 그렇기에 예수님은 한없이 용서하며 살아야 한다고 말씀하신 것입니다. 우리가 죽어가는 것을 다시 볼 수 없기 때문입니다. 이 세상을 살리고 회복하셔야 하기 때문입니다. 이것이 용서에 담긴 비밀입니다. 내가 살기 위해서, 세상을 살리기 위해서 용서하는 것이라는 것입니다.

셋째, 사단에게 속지 않게 하기 위함입니다. 용서하고 안하는 것이 사단과 무슨 관련이 있을까? 생각할 수 있습니다. 그런데 성경은 관련이 있다고 말합니다. 고린도후서 2장 10-11절을 보면, "너희가 무슨 일에든지 누구를 용서하면 나도 그리하고 내가 만일 용서한 일이 있으면 용서한 그것은 너희를 위하여 그리스도 앞에서 한 것이니 이는 우리로 사단에게 속지 않게 하려 함이라 우리는 그 계책을 알지 못하는 바가 아니로라"라고 기록되어 있습니다. 용서가 사단의 계책과 관련이 있다는 것이지요. 용서하지 않는 사람은 사단에게 속는 행위이고, 사단의 계책에 넘어가는 사람이라고 하는 것입니다. 한 번의 용서가 이렇게 중요한 것입니다.

그렇다면 용서를 어떻게 성경 말씀대로 실천할 수 있을까요? 초기 기독교 공동체는 용서를 기독교인의 중요한 덕목으로 가르쳤습니다. 스데반은 돌에 맞아 순교당하면서 이런 기도를 드렸습니다. "주여, 이 죄를 그들에게 돌리지 마옵소서."(행 7:60). 주기도문의 한 대목에서도 이런 가르침을 발견할 수 있습니다. "우리가 우리에게 잘못한 사람을 용서하여 준 것 같이 우리의 죄를 용서하여 주시고..." 초기 한국 교회사에 등장하는 손양원(1902-1950) 목사 이야기는 전설과 같습니다. 자기 아들을 죽인 공산당원을 용서하고 양아들로 삼았기 때문입니다.

이런 이야기를 자주 들은 탓인지, 기독교인들은 용서하면서 살아야겠다고 자주 말하고, 그렇게 기도합니다. 이것이 어떻게 가능할까요? 용서할 줄 모르는 종의 비유(마 18:21-35)를 보면, 임금은 일만 달란트를 빚진 자가 임금에게 "참으소서 다 갚으리이다"라고 말하자, "그 종의 주인이 불쌍히 여겨 놓아 보내며"라고 기록합니다. 일만 달란트를 빚진 자가 탕감을 받을 수 있었던 이유는 **"불쌍히 여김을" 받았기 때문입니다.** 임금의 입장에서 불쌍히 여기는 마음이 있었기 때문입니다. 이것이 답입니다. 용서가 힘들수록 가져야 할 마음 태도는 상대를 불쌍히 여기는 것입니다. 그가 옳아서가 아닙니다. 충분히 반성했거나 용서받을 만한 자세가 돼 있어서 용서하는 것이 아닙니다. 여전히 완고하고 오만하지만, 그럴수록 더더욱 그가 불쌍한 존재이기에 용서해야 합니다. 달리 말하자면, 불쌍히 여기는 마음은 용서의 시작입니다. 설령, 그 사람이 여전히 다른 약한 사람들의 목을 붙잡고 모욕을 주며 폭력을 휘두른다 할지라도, 실상은 하나님을 전혀 알지 못하는, 영혼이 황폐하기 이를 데 없는 가련한 사람이기 때문입니다. 또한, 그렇게 나에게 빚을 진 사람의 내면을 불쌍하게 보기 시작할 때, 우리는 스스로의 한계와 정확히 마주하게 됩니다. 세상에 피해자이기만 한 사람은 아무도 없습니다. 타인을 향한 폭력의 가해자가 아니라고 떳떳하게 말할 수 있는 사람은 아무도 존재하지 않습니다.

용서는 하나님과 존재론적인 관계에 있는 단어

그렇다면 어떻게 불쌍히 여기는 마음을 가질 수 있습니까? 이미 언급한 데로, 하나님께 받은 은혜가 우리 안에 있을 때, 하나님이 세상을 바라보시는 시각을 가질 수 있습니다. 하나님의 관점에서 한 사람을 바라볼 수 있는 것이지요. 마치 베드로와 요한이 성전에 올라가다가, 성전 미문에 앉아 있는 앉은뱅이를 불쌍히 여긴 것과 마찬가지입니다. 그 사람은 늘 성전 미문에 앉아 있었는데, 베드로와 요한은 성령의 강림을 경험하고 성령 충만한 상태, 즉 은혜가 넘치는 상태에서 성전을 올라가다가 비로소 그 영혼의 불쌍함을 바라보게 되었던 것이지요. 이제 우리는 본문 말씀이 무엇을 가리키는지 알게 되었습니다. **일곱 번을 용서할 것인지, 사백구십 번을 용서할 것인지, 또는 무한정으로 용서할 것인지가 중요한 것이 아닙니다. 용서의 영성을 숫자로 계량화하면 율법이 되고 맙니다. 본문은 용서가 하나님과의 존재론적 관계에 연루되어 있다는 사실을 지적해 줌으로, 용서하지 못해서 세상 사람들과의 관계에서 걸려 넘어지지 말라는 가르침이 핵심입니다.** 또한 '일곱 번씩 일흔번', '일만 달란트의 빚진자의 탕감'이라는 수치는 너무 큰 수치지만, 이것이 은혜입니다. 하나님께서 우리를 그렇게 용서하시겠다는 의미이기 때문입니다. 이사야 43장 25절에 보면, "나 곧 나는 나를 위하여 네 허물을 도말하는 자니 네 죄를 기억하지 아니하리라"(사 43:25) 했습니다. 그러므로 무한히 용서하시는 하나님 앞에 나아가 나의 모든 연약함으로 생겨난 일들을 용서받고, 그 은혜 안에서 세상을 용서할 수 있음을 기억해야 합니다. 이것이 용서에 담긴 비밀입니다. 하나님이 주신 최고의 선물은 '용서'입니다. 심리학자들은 용서하지 못할 때 생기는 감정의 쓴 뿌리는 결국 인체를 산성화시켜서 효소의 활성도를 떨어뜨리며, 각종 병원균 때문에 저항력이 감소되어 병적인 체질이 된다고 합니다. 즉 평생 누군가를 용서하지 못하고, 복수심을 품고 살아간다면 또는 마음에 미움을 가득 품고 산다면 가장 큰 손해를 보는 사람은 바로 자기 자신인 것입니다.

두 번째 이야기

잃은 양의 비유에 나타난 목자의 마음

너희 중에 어떤 사람이 양 백마리가 있는데 그 중의 하나를 잃으
면 아흔아홉 마리를 들에 두고 그 잃은 것을 찾아내기까지 찾아다
니지 아니하겠느냐 또 찾아낸즉 즐거워 어깨에 메고 집에 와서 그
벗과 이웃을 불러 모으고 말하되 나와 함께 즐기자 나의 잃은 양을
찾아내었노라 하리라 내가 너희에게 이르노니 이와같이 죄인 한
사람이 회개하면 하늘에서는 회개할 것 없는 의인 아흔아홉으로
말미암아 기뻐하는 것보다 더하리라 (눅 15:4-7)

누가복음 15장에는 잃어버린 것에 대한 비유가 세 가지 나옵니다. 잃은 양의 비유, 드라크마 비유, 탕자의 비유가 그것입니다. 모두 잃어버린 것에 대한 이야기지만, 초점이 다릅니다. 잃은 양의 비유는, 양이 가지고 있는 약점 때문에 목자로부터 멀어져 잃은 양이 되었습니다. 그런데 드라크마의 비유는 자신의 의지와 상관없이 잃어버린 드라크마에 관한 이야기입니다. 탕자의 비유는 자기 스스로 아버지를 떠나 잃어버린 자가 되었지만, 인생의 밑바닥에서 회개하고 돌아오는 이야기입니다. 그런데 오늘의 본문은 잃어버린 양에 관한 목자의 마음에 초점이 맞추어져 있습니다. 잘못은 양이 하였지만, 포기하지 않고 양을 찾는 목자에 초점이 맞추어져 있지요.

왜 죄인을 찾으시나요?

양을 잃은 목자의 마음이 어떤 마음일까요? 예수님 시대에 세리나 창녀들이 자주 등장하는데, 세리와 창녀는 죄인이라고 낙인이 찍혀있었던 사람이었습니다. 대놓고 죄인이라고 불렀습니다. 그 사람들은 죄인이라고 낙인찍혀서 많은 사람에게 손 가락질 받고 함께 어울리지 못했던 사람들이었습니다. 그러나 예수님을 만나고, 예수님의 인격 속에서 사랑을 느끼게 됩니다. 세리나 창녀들은 믿을 대상도 의지할 사람도 없어서, 항상 마음속에 외로움과 가난함이 있었고, 그래서 긍휼이 필요한 사람들이었습니다. 그렇기에 예수님이 이들을 만나 주시고, 그들의 벗이 되어 주셨을 때, 그들은 예수님을 의지하고, 예수님의 말씀을 즐겨 듣는 자가 되었습니다. 그런데 또 다른 부류인 바리새인과 서기관은, 비록 종교인이었고 그들 스스로가 죄인이었지만, 세리와 창녀와 같은 공식적인 죄인들을 멸시하며 자신들의 죄값을 치루기를 바랬습니다. 그들은 죄인들이 돌아와서 구원받는 것을 원하지 않았습니다. 그런데 예수님은 세리와 창녀를 찾아가서, "나는 잃어버린 양을 찾으러 온 목자다"라고 말씀하십니다. 이러한 예수님의 선언은 목자의 심정을 대변해 주는 말씀입니다.

목자는 잃어버린 양을 알고, 그 양을 생각하며 걱정합니다. 이것이 목자의 마음입니다. 누가 더 착하고 악한 양인가를 따지지 않습니다. 100마리의 양이 있었는데, 그 가운데 한 마리의 양이 없어졌다는 사실을 알고 나서, 그때부터 목자는 걱정합니다. 그 이유는 무엇입니까? 사랑입니다. 양을 사랑하기 때문입니다. 내가 나를 생각하는 것보다. 목자가 나에 관해 염려하는 것이 더 큽니다. 양은 자신을 스스로 보호할 수 없는 짐승입니다. 누군가의 보살핌이 없으면 살 수 없기에, 목자가 근심하고 염려하며 그 잃은 양을 생각하는 것입니다. 그래서 성경은 이 비유를 통해서 우리에게 가르침을 줍니다. '너희는 스스로 살 수 없는 자들이다. 하나님의 보호하심 없이는 살 수 없는 자들이다.' 이것이 성경이 우리에게 보여주는 자화상입니다. 잘못은 내가 하였지만, 나 때문에 더 아파하시고 걱정하시는 분은 목자이신 하나님입니다.

그래서 길을 잃어버린 순간부터 나를 찾기에 노력하십니다. 잘못과 상관없이 찾기만을 원하시는 것이지요. 이미 용서하시기로 작정하신 것입니다. 여기에서 하나님의 용서가 시작됩니다.

목자가 가장 싫어하는 양의 모습

이상에서 볼 때, 목자가 가장 싫어하는 양이 있습니다. 그것은 바로 하나님을 의지하지 않고 자신의 힘으로 잘살 수 있다고 생각하는 양입니다. 양이 길을 잃어버린 것도 그러한 자세에서 시작된 것이지만, 깨닫지 못합니다. 그렇다면 목자가 싫어하는 양도 있을까요? 없습니다! 한 마리의 잃은 양을 찾기 위하여 길을 떠난 목자이기 때문입니다. 경제적인 계산을 했다면, 마음이 아파도 포기하는 것이 나을 수 있습니다. 그러나 한 마리의 양에게 관심과 사랑을 가지고 있는 목자이기에 그럴 수 없습니다. 그렇다면 목자가 싫어하는 양이라는 표현이 적절할까요? 그렇습니다. 목자가 잃은 양도 사랑하기 때문입니다. 목자가 싫어한다는 것은, 싫어서 싫어하는 것이 아니라, 그 양을 사랑하기 때문에, 그렇게 내버려 두면 안 되기 때문에, 죽을 수도 있기 때문에 싫어한다는 표현을 사용할 수 있습니다.

잃은 양의 비유와 탕자의 비유 차이

만약 지금 내가 하나님 없이 살아가고 있다면, 신앙생활을 하고는 있지만 하나님과 인격적인 관계가 끊어져 있다면, 나는 나도 모르는 사이에 양 떼를 이탈한 한 마리의 양일 수 있습니다. 목적하여 떠난 것은 아닙니다. 내가 가지고 있는 연약한 특성 때문입니다. 양은 순진하지만 외고집이고, 조금만 힘이 생기면 독자적인 행동 하며, 목자의 눈을 피해 어디로 가는지 알지도 못하면서 무리를 이탈해 비탈길로 가서 위험을 감수하며, 혼자 더 깊숙이 들어가는 습성이 있습니다. 그래서 잃어버린 양이 되어버린 것입니다. **처음부터 의도하고 떠난 것이 아닙니다. 이것이 탕자의 비유와 차이입니다.** 그러므로 내가 하나님과의 인격적인 관계가 멀어져 있다고 한다면, 그것은 바로 나의 죄된 습성 때문입니다. 내가 의도하지 않았더라도, 종교적인 생활을 잘하고 있다고 할지라도, 하나님과의 인격적인 만남이 멀어졌다고 한다면, 내가 가지고 있는 양의 습성 때문에, 우리를 나와서 기웃기웃하며, 내 생각대로만 앞을 향해 돌진하는, 길 잃어버린 상태로 살아갈 수도 있다는 것입니다.

만약에 목자가 그러한 나를 그냥 내버려 두면, 나는 그냥 잃어버려진 양이 됩니다. 영원히 미아로 살다가 힘이 없어서 굶어 죽거나 맹수에 물려서 죽게 됩니다. 그런데 목자는 그렇게 길을 잃어버린 양을 내버려 두지 않습니다. 내 힘으로 살 수 있다고 생각하는 사람을 하나님이 훈련시키는 방법이 있습니다. 그 대표적인 방법 중에 하나가 무엇인지 아십니까? 그냥 놔두시는 것입니다. 그냥 두면 알게 됩니다. 내 삶에서 내가 거둘 수 있는 것은 수고와 실패와 근심밖에 없다는 것입니다. 그리고 '내 인생은 스스로 살아가는 것이 아니구나'라는 것을 깨닫게 됩니다. 이 깨달음이 있는 자는, 하나님 앞에 나와서 무릎 꿇을 수 있습니다. 이 깨달음이 있는 자는, 한시도 하나님을 놓을 수 없습니다. 이 깨달음이 있는 자는, 하나님을 의지할 수밖에 없습니다. 이 깨달음이 있는 자는, 한시라도 하나님을 부르지 않고 살아갈 수 없습니다.

박사 이후 과정을 위해, 저와 가족은 일 년 동안 인도의 한 대학에 초청받아 인도에서 살았던 경험이 있습니다. 그때 뉴델리에서 인도 한인 선교사 대회가 있어 참석하게 되었지요. 그때 선교사님들이 첫날 집회에 모두 나와서 특송을 하였는데, 참 많이 울었습니다. 그때 부른 찬송은, '아 하나님의 은혜로 이 쓸데없는 자 왜 구속하여 주는지 나는 알 수 없도다. 내가 믿고 또 의지함은 내 모든 형편 잘 아는 주님 늘 도우실 것을 나는 확실히 아네'였습니다. 왜 이 찬양을 부르며 우시는가 생각해보았는데, 그 이유는 다음과 같습니다. 하나님은 그들을 선교사로서 사용하시기 위해 그들의 삶 속에서 많은 경험을 하게 하셨고, 그 경험들 속에서 꼬꾸라지고 무너지고 낮아져서 결국에는 하나님께로 돌아올 수밖에 없었던 공통점을 가지고 있었습니다. 그런데 그들이 하나님 앞에 돌아오기 전에 공통적으로 깨달았던 것이 있습니다. 그것 은 '나는 아무것도 아니구나! 이렇게 내 인생이 끝날 수 있구나! 나는 절대로 대단한 존재가 아니고 나 혼자는 살 수 없구나!'를 깨달았다는 것입니다. 그런데 그렇게 밑바닥이었던 내 인생을 하나님은 여전히 사랑하시고 사용하셔서 하나님의 도구로 쓰시기를 원한다는 사실을 깨닫고, 그들의 인생이 바뀌었습니다. 인생의 밑바닥에 가서야 하나님을 떠올리고 의지하였다는 것입니다. 우리를 향한 하나님의 용서가 경험되기 시작한 것입니다.

목자에게 돌아갈 때

우리는 왜 간혹 잃어버린 양이 될까요? 양의 죄 된 습성 때문입니다. 때때로 우리는 돌아온 탕자처럼 내가 결단하여 아버지를 떠나는 경우가 있지만, 대부분의 양은, 나도 모르는 사이에 내 습성대로 행하고 삶을 살다가, 어느 순간 내가 무리를 떠났다는 것을 깨닫습니다. 너무나 멀찌감치 아버지를 떠나 와 있다는 사실을 깨닫는 것이지요. 내 삶에 눈물도 없고, 감동도 없고, 똑같이 신앙 생활하는데 감격도 없고, 그러다 어느 순간 내가 아버지를 떠나 있다는 것을 발견합니다. 그때가 목자에게 돌아가야 할 때입니다. 목자는 나를 잃어버린 순간부터 지금까지 찾아다니시는 분입니다. 이것이 **하나님과 나와의 온전한 용서를 위해서 우리가 알아야 할 하나님의 마음과 자세**입니다. 하나님은 우리를 용서하시기로 작정하셨고, 그 결과 직접 찾아 나선 것입니다. 예수께서 하늘의 보좌를 버리시고 이 땅에 오신 이유가 바로 여기에 있습니다. 잃어버린 우리를 찾으러 오신 것이지요. 그러므로 내가 하나님을 찾기만 하면 만날 수 있습니다. **이 비유에는 잃어버린 양에 대한 목자의 태도만 나타나 있고, 그것은 목자가 포기하지 않고 우리를 찾는다는 긍정적인 메시지를 담고 있습니다. 용서를 위한 피해자의 자세이지요. 피해자가 적극적으로 찾고 용서하기 위하여 행동을 취하고 있기에, 가해자인 길잃은 양은 목자를 소리쳐 부르기만 하면 됩니다.** 그것이 굴복의 의미요, 도움을 요청하는 의미요, 당신의 도움 없이는 살 수 없다는 의미이기 때문입니다. 마치 야곱이 얍복강 나루터에서 하나님의 천사와 싸우며 환도뼈가 부러져도 그 천사를 놓지 않고 붙잡았던 심정으로 목자를 찾아야 합니다. 그때 목자를 만날 수 있습니다. 문제가 해결될 수 있습니다.

성경에 보면, 막달라 마리아가 향유를 가지고 깨트려 예수님의 발에 붓고 그의 머릿결로 예수님의 발바닥을 닦는 장면이 나옵니다. 이때 가룟 유다가 말합니다. "그 향유가 얼마나 비싼데 그것을 팔아 가난한 자들에게 팔아서 나눠주면 더 좋지 않을까?" 그러나 예수님은 가룟 유다의 편을 들어주지 않으셨습니다. 예수님은 비싼 향유를 깨어서, 그것도 머릿결로 발을 닦는데, 여인을 칭찬하십니다. 왜 그랬을까요? 그것은 신앙의 성격을 알면 이해될 수 있습니다. 막달라 마리아의 행동은, 예수님께 보여 드릴 수 있는 인격적인 승복을 말하는 것이었습니다. "주님! 저는 당신 없이 살 수 없는 존재입니다." 이것은 철저하게 주님 앞에 낮아지는 승복이었습니다. 주님만 의지하는 표현이었으며,

목자를 찾는 양의 모습이라고 할 수 있습니다. 그렇기에 잃은 양을 찾으러 오신 주님은 그 양의 태도를 용납하신 것입니다.

목자가 잃은 양을 찾는 이유

목자가 양에 대해서 걱정하는 것은 양이 가지고 있는 가치 때문이 아닙니다. 양 한 마리 가격이 비싸기에, 그것을 잃어버리면 아까워서 찾아가는 것이 아닙니다. 목자가 잃어버린 것은 양의 가치가 아니라, 양과의 관계입니다. 그 양이 어떠한 양인지 목자가 알고 있습니다. 그 양을 잘 알고 있기에 포기할 수 없고, 마음이 아프고, 눈물이 나고, 어쩔 줄 몰라, 급기야 찾아 나선 것입니다. 사랑하는 사람과 헤어졌을 때, 그리고 사랑하는 사람을 이 세상에서 천국으로 보내드렸을 때, 많은 사람이 상실감을 느낍니다. 너무 사랑했다면, 그 사람과같이 했던 시간을 생각하면서, 행복했던 기억에서 헤어 나오지 못하는 사람들이 많습니다. 그 한 사람과의 관계는 이렇게 소중하고 고귀한 것입니다. 돈으로 모든 것을 판단하고 결정할 수 없습니다. 그래서 목자는 아흔아홉 마리의 양을 우리에 넣고, 잃은 양을 찾아 나선 것입니다. 지금 목자는 잃은 양에 대한 사랑앓이를 하고 있는 것입니다. 때로는 양이 주인에게 애교를 부리기도 했을 것입니다. 그리고 다쳐서 목자의 보호 받기도 했을 것입니다. 자기 멋대로 다니다, 잠시 길을 잃은 적도 있었을 것입니다. 그런데 이 모든 과정이 목자와 양의 관계를 돈독하게 만들어 주었습니다. 그렇기에 그 양을 잃어버렸을 때, 목자는 자신에게 사랑스러웠고, 너무나 소중했던 양을 잊을 수 없었습니다. 하나님도 마찬가지입니다. 우리는 모두 양 같아서 그릇 행하여 각자 제 길로 갔지만, 나와 맺은 관계 때문에 사랑앓이를 하고 계신 분은 오히려 아버지입니다. 그래서 잃은 나를 찾으러 이 땅에 오신 것입니다.

양을 잃어버린 것은 관계를 잃어버린 것이기 때문입니다. 목자는 관계를 생각하면서 그 양을 찾아 나서기 시작한 것입니다. 예수님 시대에 목자들은 양의 이름을 지어 부르기도 했다고 합니다. 예수님도 잃어버린 양을 찾아 나섰을 때, 양의 이름을 부르며 찾아 나섰을 것입니다. 한 마리 한 마리, 양들의 이름을 계속해서 부르셨을 것입니다. 만약에 예수님이 관계를 생각하지 않으셨다면, 양 한 마리가 가지고 있는 돈의 가치를 중요시했다면, 길을 지나가다가 흩어진 양 한 마리를 잡아 오거나, 돈 주고 사서 100마리를 채웠을 것입니다. 숫자가 중요하다면, 돈의 가치가 중요하다면, 그렇게 끝날 수 있었습니다. 그러나 양은 목자에게 돈이나 숫자의 개념이 아닙니다. 관계입니다.

하나님과 나, 관계가 중요합니다.

나 역시 마찬가지입니다. 나는 하나님과 좋았던 관계를 잊을 수 있습니다. 그러나 하나님은 양을 잃어버렸다고 생각하는 순간, 그 양과 좋았던 때를 떠올릴 것입니다. '한때 나에게 기도했었지. 은혜받을 때가 있었지. 하나님 뜻대로 살겠다고 결단할 때가 있었지. 네가 아플 때 내가 다가서 네 병을 고쳐 주었지. 그때 네가, 하나님이 나를 도우셨다고 얼마나 크게 간증했었니? 아버지는 이러한 관계를 잊을 수 없습니다. 내가 떠난 뒤로 사랑앓이를 하십니다. 사랑 때문에 생겨난 관계가 있기 때문입니다. 이것이 하나님의 심정입니다. 그래서 하나님은 떠난 영혼을 용서하시고 전폭적으로 찾으시기로 실천하신 것입니다.

세 번째 이야기

탕자의 비유에 나타난 아버지의 마음

또 이르시되 어떤 사람에게 두 아들이 있는데 그 둘째가 아버지에게 말하되 아버지여 재산 중에서 내게 돌아올 분깃을 내게 주소서 하는지라 아버지가 그 살림을 각각 나눠 주었더니 그 후 며칠이 안 되어 둘째 아들이 재물을 다 모아 가지고 먼 나라에 가 거기서 허랑방탕하여 그 재산을 낭비하더니 다 없앤 후 그 나라에 크게 흉년이 들어 그가 비로소 궁핍한지라… 아버지가 이르되 얘 너는 항상 나와 함께 있으니 내 것이 다 네 것이로되 이 네 동생은 죽었다가 살아났으며 내가 잃었다가 얻었기로 우리가 즐거워하고 기뻐하는 것이 마땅하다 하니라(눅15:11-32)

용서의 관점에서 본 탕자의 비유

죄인을 용서하시기 위한 아버지의 마음과 자세가 어떠한지를 한눈에 알아볼 수 있는 비유가 있습니다. 바로 탕자의 비유입니다. 비록 비유로 표현되었지만, 자신에게 용서받지 못할 죄를 짓고 떠난 아들을 향한 아버지의 마음이 잘 나타나 있습니다. 그리고 이 비유에서는 용서의 주도권이 당연히 피해자인 아버지께 있어야 하지만, 아들에게로 넘겨진 부분을 강조하고 있습니다. 아버지는 용서하시기로 작정하시고 처음부터 기다리고 계시기 때문입니다. 이제 아들이 돌아오기만 하면 됩니다. 그때 용서가 이루어집니다. 아버지와 화해할 수 있습니다. 저는 이 비유를 묵상하면서, 두 가지 질문을 하게 되었습니다. 첫째, '비유에 등장하는 둘째 아들의 집은 풍족하고 부유하게 살았던 집안인데, 왜 아들은 아버지를 뛰쳐나갔을까?'입니다. '부족한 것이 없었을 텐데, 풍족하게 살았을 텐데, 왜 아버지를 떠날수 밖에 없었을까?' 둘째, '왜 아버지는 그 아들을 포기하지 못하고 기다리는가?' '아버지이기 때문일까?' 비유에 나오는 아버지는, 아들이 살아있는 아버지를 아버지로 인정하지 않았음에도 불구하고, 자신의 몫인 재산을 모두 가지고 집을 떠났음에도, 아버지는 아들을 포기하지 않고 기다렸습니다. 이것이 그저 아버지의 사랑이라고만 해석해야 할까요? 이 세상의 모든 아버지는 그렇게 행동 할까요?

먼저, 첫 번째 질문에 대해 생각해보면, 아버지와 아들의 관계가 좋지 않으면, 아들이 집을 뛰쳐나갈 수 있습니다. 그런데 성경 본문을 보면, 아버지와 아들의 관계가 안 좋아 보이지 않습니다. 아들이 나간 이후로, 아버지는 줄곧 안타까운 마음으로 아들을 기다립니다. 그렇다면 무슨 문제가 있었을까요? 아마도 이 질문에 대한 답은 인간이 가지고 있는 가장 기본적인 문제에서 찾아야 될 것 같습니다. 그것은 인간이 가지고 있는 죄 된 본성의 문제라고 하는 것입니다. 즉, 아무리 잘먹고 잘살고 부족함이 없어 보여도, 인간의 만족은 거기에서 그치지 않습니다. 외적인 환경과 부유함이 인간을 행복하게 해주는 기준이 아니기 때문입니다. 사람은 누구나 자유하고 싶은 마음이 있습니다. 어느 누구에게도 귀속되지 않고 싶은 마음이 있습니다. 그 마음은 부모에게도 마찬가지입니다. 자신이 주인공이 되고, 자신의 의지로 모든 것이 움직여지고, 자신이 모든 것을 통제하고 싶은 마음이 있다는 것입니다.

그런데 사람은 처음부터 그렇게 만들어진 존재가 아닙니다. 사람이 처음 창조될 때, 창조주인 하나님과의 관계 안에서 만족을 찾고 행복하며 그 의미를 누리고 살아가는 존재로 만들어졌습니다. 하나님의 형상과 모습대로 지어졌기 때문입니다. 그런데 창세기 3장을 보면, 그러한 인간에게 사단이 접근합니다. 그리고 유혹합니다. '네가 하나님이 되어서 이 땅의 주인처럼 살 수 있어!'라는 것입니다. 인간은 그러한 사단의 거짓에 유혹되어 죄를 범하였고, 그 후로부터 모든 인간은 죄 된 자아를 가지고 살게 되었습니다. 최초의 아담보다 더욱, 속박받지 않는 삶을 살기를 원하며, 또 그렇게 살아가고 있습니다. 그것이 가능하지 않는데도 말입니다. 왜 불가능하냐면, 최초의 아담이 사단의 유혹에 넘어가서 실패하였기 때문입니다. 자신이 주체가 되어서, 독립적으로 살아가며, 하나님처럼 세상을 다스리는 일에 실패한 것입니다. 그런데 그 죄스러운 모습들은 시간이 흘러, 다음 세대에 전수되어 오늘까지 이어져 왔습니다. 이것이 죄의 본질적인 모습입니다. 창조주인 하나님 없이 나 혼자 살 수 있다는 점, 그리고 내 삶은 어느 누구에게도 종속되지 않고 간섭받지 않으며 독립적으로 살아가려고 하는 점입니다.

예수님은 비유를 통해서 인간의 이러한 모습을 그대로 나타내고 싶었던 것 같습니다. 인간은 혼자서는 실패할 수밖에 없는 존재라는 것을요! 모든 인간은 하나님 없이는 실패할 수밖에 없는 본질적이고 존재적인 결함을 가지고 있습니다. 이 말은 하나님의 창조에 결함이 있었다거나 불완전했다는 뜻이 아닙니다. 하나님은 인간을 만드시고 보시기에 좋았다고 말씀하셨습니다. 그러나 인간에게 주어진 자유의지를 잘못 사용하게 되었을 때, 인간은 실패를 경험하게 되었습니다. 성경은 인간의 본질적인 실패, 곧 인간의 속성과 성품 안에 들어있는 선천적인 불순종, 반역, 타락 부패, 허물, 결함을 한마디로 죄라고 표현하였습니다. 그래서 성경은 문자 그대로 거룩한 경전이라는 의미를 내포하고 있지만, 내용상으로 따져보자면 사실 세상의 어떤 책보다도 더 더럽고 지저분한 내용을 담고 있다고 할 수 있습니다. 왜냐하면, 성경에는 온갖 인간의 실패와 죄상들이 기술되어 있기 때문입니다. 성경은 위대한 하나님의 말씀이기도 하지만, 동시에 인간의 죄상을 낱낱이 폭로하는 솔직한 책입니다. 정확한 진단이 있어야, 고장난 부분을 회복하고 고칠 수 있기 때문입니다. 그래서 오죽했으면, 기독교가 한국에 처음 들어 왔을 때 대부분의 유교 학자들은 성경을 쌍놈들의 책이라고 거부했다고 합니다. 이것은 성경이 인류의 죄상과 실패를 그대로 증거하고 있기 때문입니다. 그런데 탕자의 비유는 이러한 이야기를 대표하는 이야기입니다.

탕자의 비유에 보면, 부족함이 없어 보이는 부잣집 둘째 아들이 있었습니다. 그것은 표면적으로 보이는 모습이었고, 내면에는 아버지에게 벗어나 자유롭게 살고 싶은, 독립하고 싶은 마음이 가득 찬 아들이었습니다. 아들이 이러한 마음을 갖는 것 자체가 잘못되었다고 말할 수는 없습니다. 그렇다면 무엇이 둘째 아들의 삶을 어긋나게 만들었을까요? 그것은 아버지에게 벗어나고 싶어 하는 아들의 마음을 구체적으로 행동하게 한 방법입니다. 그 방법은 아직 살아있는 아버지에게 유산을 청구하여 받아낸 것입니다. 예수님 시대의 유대인들은, 아버지가 죽기 전까지는 자식에게 유산을 배분하여 나눠주지 않았습니다. 그런데 이 비유에는, 아직 죽지도 않은 아버지를 상대로 둘째 아들이 유산을 달라고 요구합니다. 이러한 행동은, 살아있는 아버지를 더이상 살아있는 아버지로 여기지 않겠다는 아들의 의지적인 표현입니다. 이제 아버지가 없는 것처럼 생각하고 살아보고 싶다는 것입니다. 아버지 없이도 살 수 있다는 표현입니다. 이것이 바로 성경에 나타난 죄입니다.

인간의 타락은 바로 여기에서부터 시작되었습니다. 창세기 3장에 보면, 사단이 인간을 유혹했을 때도, 인간이 가지고 있는 자유의지에 미끼를 던졌습니다. 뱀이 그 자유의지에 미끼를 던지자, 인간은 미끼를 물고 창조주의 자리에 올라가려 했습니다. 그래서 선악과를 따먹지 말라는 하나님의 명령을 어기고 따먹었으며, 하나님이 되고자 했습니다. 탕자의 비유도 마찬가지입니다. 자유롭게 살고 싶은 의지는 누구나 가질 수 있지만, 둘째 아들은 아주 나쁜 방법으로 그것을 실천한 것입니다. 아담과 하와가 선악과를 따먹어도 하나님이 될 수 없었듯이, 둘째 아들이 아버지를 죽은 아버지처럼 대하며 아버지를 떠났어도, 아버지는 죽은 아버지가 될 수 없습니다. 이것이 불변의 진리입니다. 그래서 제가 던진 첫 번째 질문, '왜 둘째 아들은 부족함이 없어 보이는데 아버지를 떠나고자 하였을까?' 라는 질문에, 창세기의 창조와 타락 이야기에서 그 답을 찾을 수 있었습니다.

관계를 모르는 아들과 관계가 중요한 아버지

두 번째 질문, 즉 '왜 아버지는 무조건 아들을 기다리는 것일까?'를 생각해 봅시다. 아버지는 자식에게 줄 것 다 줬고, 자식에게 받을 수 있는 모욕을 다 받았습니다. 무엇이 모욕입니까? 살아있는 아버지를 살아있는 아버지로 여기지 않고, 마치 이제는 죽은 아버지처럼 여기겠다는 것은 살아있는 아버지를 향한 모욕입니다. 이것보다 더 심각한 모욕이 어디에 있습니까? 그런데도 아버지는 아들이 집을 떠난 뒤로, 아들을 잊지 못하고 기다립니다. 그냥 비유니까, 이야기니까, 이러한 이야기를 만들 수 있지 않을까? 라고 생각해 볼 수 있습니다. 그러나 이 비유는 복음의 핵심적인 내용을, 이야기 형식으로 쉽게 만들어 말씀하신 것입니다. 그렇다면 왜 아버지는 아들을 포기하지 못할까요? 왜 포기하지 못하고, 기다려야 할까요? 무슨 이유 때문 입니까? 그냥 아버지이기 때문입니까? 그렇지 않습니다. 가장 큰 이유는, 아들과의 관계 때문입니다. 아들과 함께 한 시간, 아들과 쌓아온 관계 때문입니다. 이 세상에 다른 어떤 것들은 돈과 세상이 자랑할 만한 유수한 것들로 대체 할 수 있습니다. 그러나 결코 대치할 수 없는 한 가지가 있습니다. 그것은 관계입니다. 그것 때문에 아버지는 손해를 감수하고, 자신의 모든 것들을 내놓습니다. 아들이 자신의 욕망 성취만을 생각하고 행동하였다면, 아버지는 아들과의 관계를 중요시합니다. 아들은 관계의 중요성을 모르고, 아버지는 관계를 너무나 중요하게 여깁니다.

이것은 오늘의 신앙에서도 마찬가지입니다. 하나님을 신앙한다는 것은, 그 관계안으로 더 깊게 들어가고, 더 친밀해지는 것을 의미합니다. 이 관계는 세상의 그 어떤 것으로도 살 수 없습니다. 그래서 그 관계가 깨어질 때, 아버지는 관계를 회복시킬 수 있는 모든 것을 다 행하십니다. 이 비유가 이러한 모습을 상징적으로 나타내고 있지요. 아버지는 아들이 생각하지 못한 그 관계를 생각합니다. 성경의 신구약에 지속적으로 내려오는 하나님과 우리의 관계에 대해서, 아버지가 생각하는 관계의 핵심 내용은 이렇습니다. '너는 나의 아들이 되고, 나는 너의 진정한 아비가 되었으면 좋겠다'라는 것입니다. 이것이 하나님과 우리의 관계입니다. 그런데 이 **관계를 깨트린 자, 곧 가해자가 이 관계를 회복하기 위해서는 필요한 것이 두 가지 있습니다. 그것은 관계를 깨트린 자, 곧 가해자가 회복을 위해 결단하고 뉘우쳐야 한다는 것이고, 다음으로는, 피해자 아버지가 용서하시기로 작정하셔야 한다는 것입니다. 그런데 오늘 비유를 보니, 아버지는 용서의 표현으로 아들을 기다립니다. 아들은 인생의 밑바닥에서 뉘우치고 결단하여 아버지께로 돌아옵니다. 이제 화해가 일어나는 것입니다. 이것이 성경에서 말하는 용서와 그 결과인 화해입니다.** 비유에 보면, 화해의 순간을 잔치로 표현하여 성대하게 치루는 모습을 보여줍니다. 아버지의 용서받고 화해하기만 하면, 아버지는 내가 기대한 이상으로 잔치를 벌여주시며 그 화해를 경험케 하십니다.

아들이 집을 나간다고 할 때, 아버지가 붙잡으며 앞으로 그 아들에게 일어날 수 있는 이야기들을 미리 이야기해 주었으면 어땠을까요? 그런데 여기서 중요한 것이 있습니다. 그것은 이미 마음에 결심하고 아버지께 유산을 달라고 하는 아들을, 타이르고 말린다고 해서 그 아들이 아버지의 말을 듣지 않는다는 것입니다. 그렇게 들을 수 있는 아들이라면, 일방적으로 자신의 주장을 선포하기 전에 아버지와 먼저 상의했을 것입니다. 그러나 그 아들은 아버지에게 와서 자기의 결단만을 이야기했습니다. "아버지 저에게 돌아올 유산의 분깃을 주십시오" 그러한 아들을 향해 아버지가 할 수 있는 것은, 그 아들이 원하는 대로 해주는 것이었습니다. 왜냐하면 아버지는 그 아들이 스스로 인격적인 결단을 내려야, 이 관계가 얼마나 중요한 관계이고, 이 관계 때문에 모든 것이 회복될 수 있고, 행복할 수도 있다는 사실을 깨달을 수 있기 때문입니다. 그래서 **아버지는 아들에게 닥칠 일들을 알면서도, 눈물을 머금고 보냅니다. 스스로 깨닫고 돌아와야 하기 때문입니다. 이것이 아버지의 아픔입니다. 이것이 아버지이신 하나님이, 당신의 자녀들을 다루시는 인격적인 방법입니다.** 우리가 인격적인 결단을 하고 돌아오기를 기다리고 계시는 것입니다. 때로는 우리가 하나님을 거스르고 불순종하지만, 우리의 삶은 오히려 형통할 때가 있습니다. 왜 그렇습니까 하나님이 막지 않았기 때문입니다. 인격적인 방법을 하나님이 선택하셨기 때문입니다. 그런데 그 순간 우리는 착각할 수 있습니다. '내가 하나님을 떠나도, 관계가 깨어져도, 잘될 수 있구나'라는 것이지요. 그러나 하나님은 인격적인 분이시기 때문에 간섭하지 않은 것뿐입니다. 하나님은 스스로 깨닫기를 원하십니다. 주님은 지금, 이 순간, 세상에서 아들에게 가장 중요한 것이 무엇인지 아십니다. 그것은 경험입니다. 가르쳐주는 것보다, 스스로 경험하는 것이 더 강력합니다. 그렇기에 아버지의 마음은 검게 타들어 갑니다. 마음속으로 울고 계십니다. 아버지는 자식이 겪는 어려움보다, 자식이 당하는 고통보다, 더 심각한 아픔을 가지고 계시다는 것입니다. 아들이 돌아올 수만 있다면 아버지에게는 아까운 것이 없습니다. 이것이 차원 높은 사랑입니다.

아버지께 돌아와야 할 때

언제가 돌아올 때입니까? 성경 말씀에 아버지를 떠난 탕자가 세 가지를 경험합니다. 첫 번째, 돈을 다 탕진하고, 두 번째, 그 땅에 기근이 오고, 세 번째, 궁핍해졌습니다. 아들은 많은 유산을 상속받았을 것입니다. 그런데 한번 쓰기 시작했더니, 돈이 끝이 없습니다. 한순간 사라졌습니다. 가지고 있는 돈을 잃어버리고, 다 소비했을 때, 얼마나 허전했을까요? 바로 이것이 돌아올 때임을 가르쳐주는 현상입니다. 그렇기에, **내가 가지고 있는 돈을 다 탕진했을 때가 아버지께 돌아올 때**

입니다. 이것은 내게 있는 것이 다 나를 떠나고 잃어졌을 때입니다. 혹시 내가 가지고 있던 것을 하나둘씩 잃어버리고 있다는 생각이 들었을 때가 있으셨나요? 나는 더 모으고, 부자가 되고 싶은데, 나도 모르는 지출의 문이 열려서 슬슬 빠져나간다고 느꼈을 때, 그때가 돌아올 때입니다. **둘째, 기근이 왔을 때입니다.** 많은 사람이 이것을 하나님의 사인으로 받아들이지 못하는 이유는, 기근은 그 사람에게만 임하는 것이 아니라 모든 사람에게 임하기 때문입니다. 그러나 일반적인 사인 속에서, 하나님이 나에게 말씀하시는 특별한 사인을 알아차려야 합니다. 보통은 내가 어려울 때, 주변의 환경도 덩달아 더 어려워지는 경향을 경험한 적이 많이 있을 것입니다. 그런데 그때 사람들은 내가 잘못해서 나만 겪는 고난이 아니기 때문에, 내 책임이 아니라고 생각하는 경향이 있습니다. 그러나 모든 사람이 겪는 고난 속에서도, 나는 가진 것도 다 잃어버렸으니, 내가 경험하는 고난이 더 크고 아프지 않겠습니까? 그때가 돌아가야 할 때입니다. **셋째, 궁핍해졌을 때입니다.** 이제는 기근도 왔고, 가지고 있는 것도 다 잃어버려서 힘들고, 내 능력으로 살아갈 수 없을 때입니다. 이것이 마지막입니다. 마지막 찬스!! 하나님은 한 번에 그 사람을 힘들게 하지 않으십니다. 단계를 주시는 것 같습니다. 첫 번째 단계에서 돌이킬 수 있다면, 그러나 첫 번째 단계를 놓쳤다면, 두 번째 단계에서 돌이킬 수 있다면, 그러나 두 번째 단계를 놓쳤다면, 이제 마지막 탕자처럼 마지막 단계에서라도 돌아와야 합니다. "어서 돌아오라! 채찍 맞아 아파도, 아버지 손으로 고치시고 만지시고, 싸매시기"를 원하십니다.

돌아가기 위해 포기해야 할 것

마지막으로, 아버지께 돌아가기 위해서 탕자가 해야 할 것이 있습니다. 비유에 보면, 탕자는 아버지께 돌아가기 위해 방해가 되는 한 가지를 떠올렸습니다. '아들'이라는 자격이었습니다. 그래서 아들이라는 자격을 포기합니다. '나는 더이상 하나님 앞에 내려놓을 것이 없어! 나는 가지고 있는 것이 없는데!'라고 생각하기 전에, 거꾸로 생각해봅시다. 나는 하나님 앞에 돌아가고 싶은데, 무엇이 내 발목을 잡는지, 무엇이 나를 쉽게 결단하지 못하도록 만드는지, 그것들을 떠올리고 하나님 앞에 내려놓아야 합니다. 반드시 있을 것입니다. 생각나지 않으면, 하나님께 가르쳐 달라고 해야 합니다. 그리고 내려놓아야 합니다. 그래야 아버지께로 달려갈 수 있습니다. 발걸음이 가벼울 수 있습니다. 비유에 나오는 탕자는, 아들이란 신분을 내려놓고 아버지께로 달려갈 수 있었습니다. 비유에 보면, 그렇게 달려오는 아들을 아버지가 먼저 알아차렸습니다. 아들은 아버지가 기다리시는 것을 상상하지 못했고, 발견하지도 못했습니다. 감히 생각할 수 없는 부분이기 때문입니다. 예수님은 이 비유에서 이 부분을 강조하고 싶으십니다. 아버지는 지금도 기다리신다는 것이지요. **피해자인 아버지가 우리를 용납하시고**

용서하시기로 작정하시고 돌아오기만 기다린다는 것입니다. 그러므로 탕자가 결단하고 돌아가기만 하면, 기대하지 않았던 아버지의 모습을 발견하고 감격하게 됩니다. 그리고 아버지와 기쁨으로 만나 용서가 경험되며 화해가 일어난 것입니다.

아버지는 지속적으로 아들을 기다렸습니다. 그리고 돌아오는 아들을 보고 "측은히 여겼"습니다. 여기서 "측은히 여겨"라는 어구는, 마음 속 깊은 곳에서 나오는 아픔을 말합니다. 사랑의 표현입니다. 아들을 향한 아버지의 사랑입니다. 성경에 이와 비슷한 어구들이 있습니다. "민망히 여기사, 불쌍히 여기사", 사랑이 없으면 우리를 민망히 여길 수 없고 불쌍히 여길 수도 없습니다. 아들에게 냄새가 나도, 떨어진 옷을 입었어도, 거지와 같아도, 그리고 내 모습이 완전히 뒤바뀌어 있어도, 아버지는 돌아오기만 하면 나를 끌어안고 입 맞추십니다. 하나님은 지금도 우리를 측은히 여기고 계십니다. 하나님 앞에 굴복하지 못한 우리를 불쌍히 여기고 계십니다. 민망히 여기고 계십니다. 그래서 외치십니다. "돌아오라! 어서 돌아오라!"

용서의 주도권을 우리에게로!

이 비유의 핵심을 두 가지 질문으로 풀어나갔습니다. 둘째 아들은 왜 풍족한 집안에서 부족함 없이 살았는데, 아버지를 떠나고 싶었을까? 이것은 죄의 기원과 연결해서 풀었고, 왜 아버지는 그 아들을 기다려야만 했을까? 이것은 아버지와의 관계 안에서 풀었습니다. 관계를 회복하기 원하시는 아버지는, 처음부터 끝까지 사랑을 가지고 아들을 기다렸습니다. 아들이 돌아오면 언제든지 맞이하여야 하기 때문입니다. 아니, 관계를 회복할 수만 있다면, 어떠한 일도 하실 수 있는 분이시기에 그 마음을 기다림으로 표현하신 것입니다. 이 비유는, 일차적으로, 하나님을 섬기면서도 하나님을 알지 못했던 유대인들을 향해 주신 메시지였습니다. '너희들이 섬기는 하나님은 무서운 하나님, 엄격한 하나님만이 아니야! 그 하나님은 우리를 사랑하시는 아버지이시고, 그 결과 처음부터 지금까지 우리를 기다리시는 아버지다'라는 부분을 강조하신 것입니다. 용서받는 길은 간단합니다. 아버지께 돌아가기만 하면 됩니다. 아버지는 이미 우리를 기다리고 계시기 때문입니다. '처음부터'입니다. 아버지께 돌아가는 데 방해가 되는 모든 것을 포기하고 내려놓아야 합니다. 그때 아버지의 용서를 경험하고 화해를 이루게 됩니다. **피해자라고 할 수 있는 아버지가, 용서의 주도권을 우리에게 넘기셨습니다. 아버지는 용서하시기로 작정하셨기 때문입니다.** 그래서 선지자들은 "돌아오라! 이스라엘!"이라고 외쳤으며, 이 외침이 구약의 핵심 사상이 되었습니다. 그러므로 용서를 빼고는 구약 성경의 핵심을 이해할 수 없을 것입니다.

네 번째 이야기

사람 안에 있는 용서와 화해 -요셉과 형제들 이야기

요셉이 시종하는 자들 앞에서 그 정을 억제하지 못하여 소리 질러 모든 사람을 자기에게서 물러가라 하고 그 형제들에게 자기를 알리니 그 때에 그와 함께 한 다른 사람이 없었더라 요셉이 큰 소리로 우니 애굽 사람에게 들리며 바로의 궁중에 들리더라 요셉이 그 형들에게 이르되 나는 요셉이라 내 아버지께서 아직 살아 계시니이까 형들이 그 앞에서 놀라서 대답하지 못하더라 요셉이 형들에게 이르되 내게로 가까이 오소서 그들이 가까이 가니 이르되 나는 당신들의 아우 요셉이니 당신들이 애굽에 판 자라 당신들이 나를 이 곳에 팔았다고 해서 근심하지 마소서 한탄하지 마소서 하나님이 생명을 구원하시려고 나를 당신들보다 먼저 보내셨나이다…. 자기 아우 베냐민의 목을 안고 우니 베냐민도 요셉의 목을 안고 우니라 요셉이 또 형들과 입맞추며 안고 우니 형들이 그제서야 요셉과 말하니라(창 45:1~15)

요셉 이야기의 핵심은?

창세기에 보면 창세기 12장부터 족장들의 이야기가 아브라함으로부터 기록되었는데, 아브라함 이야기만큼 긴 내용을 가지고 있는 것이 요셉의 이야기입니다. 창세기 37장에서 50장까지, 거의 14장이 요셉의 이야기에 할애되고 있습니다. 그만큼 이 요셉이 중요한 인물이라는 표시겠지요. 그렇다면 이 요셉 이야기의 핵심 내용이 무엇일까요? 요셉을 생각하면 무엇을 가장 많이 떠올릴까요? 아마도 그것은 요셉의 성공일 것입니다.

17세의 꿈을 꾸고, 그 꿈 때문에 형들에게 팔려 죽을 정도로 고생했으며, 이방 땅, 애굽에서 도 힘든 고난의 생활이 지속되었지만, 요셉은 하나님을 의지하고 하나님의 형통하심을 경험한 사람입니다. 심지어 요셉은 감옥에 들어가기도 했지만, 30세 때, 하나님의 시간이 되어 애굽의 총리가 되었습니다. 그 당시 애굽은 세계 최강의 나라였기에, 그 나라의 총리가 된다는 것은 너무나 위대한 일입니다. 그래서 요셉의 이야기를 읽고 의미를 새기는 사람들은, 아마도 이렇게 생각합니다. '하나님만 붙잡고 의지하면 그 고난 속에서도 꽃은 핀다'는 사실입니다. 요셉의 성공을 강조하는 것이죠. 이것이 틀린 말은 아닌데 이렇게만 요셉을 본다면, 요셉을 향하신 하나님의 섭리를 볼 수 없습니다. 요셉 이야기는 창세기 12장부터 시작되는 족장 시대에, 하나님의 구속사 안에서 평가되어야 합니다.

물론 하나님이 함께하시면 성공할 수도 있고, 하나님이 함께하시면 출세할 수도 있고, 하나님이 함께하시면 우리가 이 땅에서 많은 부귀와 영화를 누릴 수 있습니다. 그런데 성경에서 이 많은 장을 할애해서 요셉 이야기에 할애한 것은, '요셉이 이렇게 하나님을 섬겼더니 성공했더라'라는 것을 나타내기 위해서 많은 이야기를 쓰고 있는 것이 아닙니다. 하나님이 요셉이라는 사람을 통해 어떻게 하나님의 구속사를 써가고 있는가를 보아야 합니다. 하나님은 요셉 이야기를 통해서 하나님의 구속사가 어떻게 확장돼 가고 세워지고 있는지를 보여주시기 원합니다.

요셉을 통한 하나님의 계획 - 가족을 살리심

하나님께서 요셉을 먼저 애굽에 보내셔서 총리가 되게 하신 이유는, 먼저 요셉의 가족들이 흉년 속에서도 어떻게 살아날 수 있을지에 관한 하나님의 준비였습니다. 왜냐하면, 하나님의 구속사에서 요셉의 가족은 중요하기 때문입니다. 구속의 계보가 이어져야 하기 때문입니다. 그러므로 흉년이 예고되었다면, 그 흉년을 뚫고 살아남아야 합니다. 하나님은 이러한 큰 섭리 안에서 요셉을 먼저 보내신 것입니다. 그리고 흉년을 지난 후, 가족의 회복을 통하여 이스라엘이라는 민족의 열두 기둥을 만들어 가시려는 계획이 요셉 이야기에 담겨 있습니다. 우리가 흔히 아는 열두 지파의 원조를 만드시는 것입니다. 실제로 요셉이 죽고 나서 열두 지파의 원조들이 세워집니다. 그렇다면 요셉 때문에 하나님 구속사의 큰 기둥이 된 열두 지파의 원조들은 원조가 될 자격들을 갖추었을까요? 전혀 그렇지 않습니다. 요셉의 형들은 동생을 사랑하지 못한 이기적인 자들이었고, 급기야는 동생을 팔아서 애굽에 넘긴 자였습니다. 그리고 부모에게는, 짐승에게 물려 죽었다고 거짓말을 하였습니다. 바로 이러한 사람들이 이스라엘 열두 지파의 원조가 되었다는 것입니다. 얼마나 자격이 없는 자들입니까? 이 사람들이 과연 열두 지파의 원조가 될 자격이 있는 사람들입니까? 요셉의 부모도, 자식을 편애하는 잘못 때문에 형제들의 화를 사게 되었습니다. 결국은 형제들이 요셉을 팔아먹는 결과를 낳게 되었지요. 이러한 과정을 거치며, 요셉의 가족은 거의 조각난 가족이 되었습니다. 요셉이 형들에게 팔리고, 아비는 사랑하는 자식을 잃고 누웠으며, 형들은 아비를 속여 난장판이 된 집안입니다. 그런데 이 집안이 구속의 계보를 잇는 가정이라는 사실이 중요합니다. 하나님은 어떻게 해서든지 이 가정을 세우셔야 합니다.

용서를 위한 희생양 요셉

무너진 가족을 세우기 위해 필요한 것은 한 사람의 희생양입니다. 하나님은 그 인물로 요셉을 선택하셨습니다. 혹시 이러한 관점에서 창세기 37장부터 50장까지 읽어보신 적이 있으십니까? 만약에 그러한 관점으로 성경을 보셨다면, 하나님의 섭리 가운데서 요셉 이야기를 본 것입니다. 하나님은 아브라함과 맺은 언약을 신실하게 지키시기 위해, 야곱의 가족을 준비하셨습니다. 그런데 처음부터 자격이 되지 않는 모습을 보여온 이 가족을, 하나님의 구속 역사에 사용하시기 위해, 한 사람 요셉이 필요했습니다. 한번 생각해 보십시오! 아브라함 이후에 이삭과 야곱, 그리고 야곱의 아들들이 하나님 구속의 역사를 준비해 가야 하는데, 그들은 자격이 없는 자들이었습니다. 자격 없는 자들을 사용하시기 위해, 이들을 변화시킬 준비가 필요했다는 것입니다.

실제로 이것이 요셉 이야기의 핵심 내용입니다. 자격이 없는 자들, 조각 난, 파탄 난 가정을 하나님 구속의 역사에, 그것도 이스라엘이라고 하는 민족을 이루는 열두 기둥으로 만들기 위해 필요한 것이 무엇일까요? 그것은 바로 변화입니다. 누군가가 희생양이 되어, 서로를 사랑하고 보듬어 용서하고 화해하며 하나가 되는 변화입니다. 자신의 삶에서, 밑바닥 인생을 살았다고 할지라도, 동생을 팔아먹은 자라도, 아비를 속이고 살아왔던 자라도, 그리고 자식을 편애한 아비라도, 변화될 수만 있다면 하나님은 이들을 사용하실 수 있습니다. 그렇다면, 요셉의 가족은 어떠한 과정을 통해 변화되었습니까? 하나님은 먼저 요셉을 훈련시켜서 하나님의 사람으로 세우시고 총리를 만드신 후, 흉년이 들어 곡식을 사러 온 형제들과 만나게 하셨습니다. 그때 요셉은 막강한 권력을 가지고 형제들을 죽일 수 있는 위치에 있었지만, **하나님의 섭리를 깨달은 요셉이 그 형제들을 품고 사랑하고 용서할 때 그들이 변화됐습니다. 결국, 사랑 안에서 용서하고 화해할 때 이 형제들이 변화된 것입니다.** 요셉이 울고 베냐민이 울고, 그 형제들이 웁니다. 이 눈물은 죽이고 싶어서 우는 게 아닙니다. 용서의 눈물이고, 사랑의 눈물이고, 화해의 눈물입니다. 그런데 이러한 화해는 요셉이 하나님 안에서 먼저 준비되었기에 가능했습니다. 꿈을 꾸고 난 뒤, 총리가 되기까지 13년 동안, 극심한 고난과 광야와 같은 시간 속에서, 하나님의 사람으로 만들어져 갔으며, 고난 때문에 하나님의 사랑을 더 깊이 경험했고, 하나님과 친밀감이 더해갔으며, 급기야는 하나님의 계시를 받아 꿈을 해몽할 수 있는 단계까지 온 것입니다. 자기를 죽이려고 했던 형제들을 어떻게 용서할 수 있었을까요? 요셉에게는 13년이라는 시간이 있었습니다. 하나님은 그 시간 동안, 자기를 죽이려고 했던 형제들을 용서할 수 있는 자로 만들어 가셨습니다. 그렇기에 요셉은 그 형들을 만나게 되었을 때, 하나님의 사랑 안에서 그들을 품습니다.

용서를 위한 죄의 언급

요셉이 용서를 위해 형들에게 한 최초의 고백으로 "나는 요셉입니다"라는 말을 먼저 던집니다. 요셉에게도 상처가 있었습니다. 결혼해서 그 아들의 이름을 지은 것을 보면 나타나 있는데, 요셉은 첫째 아들을 낳고 '므낫세'라고 이름을 지었습니다. 므낫세라는 이름은, '나는 이제 과거를 잊었다'라는 뜻입니다. 그토록 요셉의 과거는 고통스러웠다는 것입니다. 그런데 이제, 그 모든 것을 털고 용서하기로 했습니다. 그래서 그 형들에게 다가서서, '제가 요셉입니다'라고 먼저 입을 연 것입니다. 그런데 형들은 이 말을 듣고 너무 놀라서, 어떠한 말도 하지 못합니다. 형들은 애굽의 총리가 요셉이라는 말을 듣고 몸이 굳었을 것입니다. 그리고 더 이상, '우리는 죽었다' '살길이 없다'라고 생각했었을 것입니다. 그런데 요셉은 그러한 형들에게, "내게로 가까이 오소서"라고 말합니다. 그리고 구체적으로, "나는 당신의 아우 요셉이니, 당신들이 애굽의 판자"라고 언급합니다. 여기서 너무 중요한 부분이 있습니다. 요셉이 형제들을 용서하기 위한 시작 단계이지만, 아무리 용서하는 단계라고 할지라도, 그들의 죄에 대해서는 구체적으로 언급하고 넘어가고 있다는 것입니다. 용서한다고 해서, 그냥 다 품는 게 용서가 아닙니다. 어물쩍 넘어가지도 않았습니다. 그러므로 요셉의 말을 들은 형들은 치부가 찔렸을 것입니다. 그리고 '이제는 죽었다'라는 생각을 하였을 것입니다. 그러나 그 말 후, 요셉의 입에는 용서의 선언이 나왔습니다. "당신들이 나를 이곳에 팔았다고 해서 근심하지 마소서 한탄하지 마소서. 하나님이 생명을 구원하시려고 나를 당신들보다 먼저 보내셨나이다."

너무나 위대한 고백입니다. 그런데 요셉이 형들을 이렇게 용서할 수 있었던 이유는, 이 모든 일이 하나님의 구속사를 진행하시기 위해, 당신의 섭리 가운데 일어난 일임을 깨달았기 때문입니다. 요셉도 처음엔 얼마나 놀랐겠습니까? 하나님 앞에 물었겠죠? 그때 하나님이 당신의 섭리를 요셉에게 가르쳐 주셨을 것입니다. 그래서 요셉은 하나님의 구속의 섭리를 깨닫고, 13년 동안 받은 훈련, 13년 동안 받은 하나님의 사랑에 기초해서, 그들을 용서하고 있는 것입니다. '당신들은 나를 팔았지만 그게 하나님의 섭리였고, 그래서 내가 먼저 이곳에 와서 당신들을 맞을 준비를 하고 있습니다. 지금 이 일들을 통해 하나님은 위대한 당신의 일들을 진행하고 계십니다.' 그렇습니다. **하나님의 섭리를 깨달은 요셉은 하나님이 하나님께 받은 사랑의 바탕 아래서 그 형제들을 용서할 수 있었습니다.** 본문의 5절을 보면, 요셉이 형들에게 말을 할 때, 주어가 내가 아니라 하나님이었습니다. 그렇습니다. 내가 한 것이 아니라는 것입니다. 주체가 하나님이라는 것입니다. '하나님이 이렇게 일을 하셨기 때문에, 나도 당신들을 탓하지 않고, 하나님 안에서 당신들을 용서합니다'라고 말하고 있는 것입니다.

하나님이 주체가 되시는 용서

결국, 요셉의 용서는 '하나님의 사랑에 기인하고, 하나님이 주체가 되셔서, 하나님의 구속사적인 계획과 일 안에서 일어난 일'이라고 할 수 있습니다. 본문 7절을 보면, "하나님이 큰 구원으로 당신들의 생명을 보존하고 당신들의 후손을 세상에 두시려고 나를 당신들보다 먼저 보내셨나니"이 내용이 바로 하나님 구속의 계획입니다. 하나님이 큰 구원을 베푸시기 위해 당신들을 내 앞에 보내셨다는 것입니다. '비록 당신들은 동생을 팔아먹은 흉악무도한 자들이지만, 당신들의 생명은 당신 것이 아니라, 하나님께 속한 것이기에 내가 내 마음대로 당신들을 죽이고 살릴 권한이 없습니다'라고 하는 의미가 이 안에 포함되어 있습니다. 얼마나 위대한 고백입니까? 비록 요셉의 형들은, 요셉에게는 극악무도한 자였지만, 하나님의 입장에서는 아브라함의 뒤를 이어 약속의 계보를 잇는 자들이었습니다. 그렇기에 그렇게 흉악무도한 자들이라고 할지라도, 하나님이 변화시키시면 사용하실 수 있다는 사실이 요셉의 고백 안에 포함되어 있습니다. 생명의 주권자는 하나님이십니다. 우리 마음대로 하나님의 형상과 모습대로 지음받은 사람들을 짓밟고, 우리 마음대로 그들을 무시하고 멸시할 권한이 없습니다. 요셉은 분명한 하나님의 계획을 깨달아 알았던 것입니다. 이 말을 듣고, 요셉과 베냐민이 서로 목을 끌어안고 울기 시작합니다. 그리고 형들이 울었고, 그제서야 형들이 입을 열어 요셉과 말하기 시작하였습니다. 요셉의 형들은 이제까지 사랑을 잘 받아온 사람들이 아니었습니다. 요셉을 죽인 이유도, 아버지가 요셉만 사랑하며 편애한다고 생각했기 때문에, 따돌리고 죽이지 않았을까요? 그래서 어떻게 보면, 형들은 꿍

장히 냉담한 자들이었을 수 있습니다. 그런데 그렇게 냉담한 자들, 그래서 인간의 생명까지, 그것도 동생의 생명까지, 마구잡이로 다루었던 이들이었지만, 자신을 하나님의 사랑 안에서 품어주고 용서하는 동생의 따뜻한 사랑 안에, 이들의 눈물이 터진 것입니다. 형들이 변화되기 시작한 것이지요. 사랑은 모든 허다한 허물을 덮고, 사랑은 모든 사람을 변화시킬 수 있는 힘이 그 안에 있습니다.

두 번 용서 받은 형들

이렇게 창세기 45장에서 요셉이 형제들을 용서하고, 시간이 흘렀습니다. 17년이 흐른 뒤, 다시 요셉의 이야기가 등장하는데, 창세기 50장입니다. 17년이 요셉에게는 어떤 의미가 있었을까요? 요셉은 17세 애굽으로 팔려갔습니다. 가족과 함께 17년을 같이 살았습니다. 그런데 아버지가 애굽에 내려와서 요셉과 17년을 살다가 죽게 됩니다. 그러니까 17년은 요셉에게는 상징적인 숫자였을 수 있습니다. 태어나서 아버지와 함께 살았던 17년, 형제들을 용서하고 살았던 17년, 이 시간이 지난 뒤, 아버지의 죽음 후 장례식을 치른 뒤, 형제들이 요셉을 찾아와서 이야기하는 장면이 창세기 50장 14절부터 17절까지 나와 있습니다. "요셉의 형제들이 아버지가 죽었음을 보고 말하되, 요셉이 혹시 우리를 미워하여 우리가 그에게 행한 모든 악을 다 갚지 아니할까 하고 요셉에게 말을 전하여 이르되 당신의 아버지가 돌아가시기 전에 명령하여 이르시기를 너희는 이같이 요셉에게 이르라 내 형들이 내게 악을 행하였을지라도 이제 바라건대 그들의 허물과 죄를 용서하라 하셨나니 당신 아버지의 하나님의 종들인 우리 죄를 이제 용서하소서 함에 요셉이 그들이 그에게 하는 말을 들을 때에 울었더라." 야곱이 죽고나니, 형들은 17년이나 흘렀는데도 겁이 났던 것 같습니다. 그래서 형들은 아버지의 유언을 요셉에게 다시 한번 전해줍니다. 그런데 요셉은 형들의 그 말을 듣고 웁니다. 왜 울었을까요? 억울해서 울었을까요? 야곱이 죽으면 복수하려고 했는데, 아버지가 형들을 용서하라고 하는 유언을 남기셨기 때문에, 복수하지 못하게 되어 터뜨린 울음일까요? 그렇지 않습니다. 형들의 이 소리를 듣고 요셉은, '나는 형들을 용서하고 17년 동안 살았는데, 형들은 17년 동안 두려움에 살았구나' '우리가 조금만 잘못하면 요셉은 우리를 죽일 수도 있어'라는 두려움 속에 살았음을 깨달았기 때문입니다. 그런데 요셉의 마음을 알지 못하는 형들은 요셉에게 직접 와서 이렇게 얘기합니다. 창세기 50장 18절을 보면, "그의 형들이 또 친히 와서 요셉의 앞에 엎드려 이르되 우리는 당신의 종들이니다." 요셉이 말없이 울자 요셉의 마음이 어떤지 알지 못하는 형들은 살기 위해 요셉에게 가서 "우리가 당신의 종이 되겠습니다"라고 이야기한 것입니다. 그러자 요셉이 형들에게 말합니다. 19절에 보면, "요셉이 그들에게 이르되 두려워하지 마소서 내가 하나님을 대신하리까.당신들은 나를 해하려 하였으나 하나님은 그것을 선으로 바꾸사 오늘과 같이 많은 백성의 생명을 구원하게 하시려 하셨나니 당신들은 두려워하지 마소서 내가 당신들과 당신들의 자녀를 기르리다 하고 그들을 간곡한 말로 위로하였더라." 이것이 요셉의 마음입니다. 이렇게 두 번 용서를 받은 형들! 그들은 변화되지 않았을까요?

내가 요셉처럼 용서함으로...

얼마나 큰 변화가 일어났을까요? 첫 번째 용서의 메시지를 들었을 때도 그들의 마음은 움직였을 것입니다. 그런데 아버지가 죽고 두려워서 요셉에게 가서 요셉의 종이 되겠다고 자청했을 때, 요셉은 울면서, '왜 그렇게 말씀하시냐고, 내가 당신들을 보호하고 당신들의 자녀를 보호하고 내가 기르겠나이다'라고 간곡히 위로하였습니다. 이것이 요셉 이야기의 마지막입니다. 결국, 요셉 이야기는 '용서, 그리고 화해, 그리고 '다시 세워짐', 이것이 요셉이라고 하는 족장의 이야기를 통해 하나님이 드러내시려고 하는 모습입니다. 요셉의 성공을 드러내려고 하는 것이 아닙니다. 하나님의 큰 섭리 아래에서, 한 사람을 준비하셔서 흉악무도한 그 형제들을 변화시켜서 사용하셔야 하는데, **그들을 변화시키기 위해서는 사랑밖에 없습니다. 사랑 안에 있는 용서밖에 없습니다. 그래서 그것을 실천할 하나의 희생양이 필요했고, 하나님은 요셉을 선택하셔서 요셉을 준비시키신 것입니다. 그리고 요셉을 통해,**

높은 자리에서 밑바닥에 있는 형들을 끌어안게 하셔서, 그들을 변화시킨 것입니다. 이것이 성경에서 말하는 진짜 용서입니다. 이것이 성경에서 말하는, '예수님이 우리를 용서하신 용서'입니다. 우리는 요셉의 형들처럼 사람을 죽이고, 동생을 죽이고, 내 마음대로, 내 멋대로, 인생을 계획하고 살아왔는지 모릅니다. 그러나 하나님은 그러한 우리를 변화시키기 위하여, 사랑으로 십자가에서 죽어주신 것입니다. 사랑밖에는, 이 사랑밖에는 사람을 변화시킬 수 있는 방법이 없습니다. **사랑 안에 있는 용서와 화해 밖에는, 사람을 변화시킬 수 있는 다른 어떤 방법이 없다는 것입니다.** 그러므로 어떤 흉악무도한 사람이라도 하나님이 사용하실 수 있습니다. 하나님의 사랑 안에서 용서하고 화해하며 변화시켜 사용할 수 있습니다. 하나님은 그 일에 우리가 요셉으로 사용되기를 원하십니다. 남을 탓하지 말고 내가 요셉이 되면 됩니다. 내가 하나님의 사랑을 입고, 내가 하나님의 은혜를 경험해서, 하나님의 섭리 가운데, 하나님이 이 땅을 어떻게 바라보시는지, 하나님이 한 영혼들을 어떻게 바라보시는지, 그 마음을 품고, 요셉처럼 죽어가는 영혼, 흉악무도한 자들을 품고 사랑해서 변화시킬 수 있다면 이 땅은 변화될 수 있습니다.

다섯 번째 이야기

사람 안에 있는 용서와 화해 - 바울과 마가

하나님이 우리를 구원하사 거룩하신 소명으로 부르심은 우리의 행위대로 하심이 아니요 오직 자기의 뜻과 영원 전부터 그리스도 예수 안에서 우리에게 주신 은혜대로 하심이라 이제는 우리 구주 그리스도 예수의 나타나심으로 말미암아 나타났으니 그는 사망을 폐하시고 복음으로써 생명과 썩지 아니할 것을 드러내신지라 내가 이 복음을 위하여 선포자와 사도와 교사로 세우심을 입었노라(딤후 4: 9-11)

바울과 상처

다메섹에서 예수님을 만나고 긴 시간 고민하다가 사도로서 자신의 정체성을 정립한 바울, 그리고 전 세계를 돌아다니며 복음을 전하다가 위대한 전도자의 삶을 산 바울에게도 사역을 하면서 그의 마음속에 남은 상처가 있었습니다. 예수님을 만나기 이전의 일이라면, 쉽게 합리화할 수도 있고, 잊을 수도 있었겠지만, 주의 사도로서 본격적인 일을 하다가 생겨난 상처라 평생을 바울과 함께합니다. 그 상처는 바울이 일방적으로 잘못해서 생겨난 것도 아니고, 바나바가 일방적으로 옳아서 생겨난 것도 아닙니다. 모두 주의 일을 더 열심히 하려다가 자신의 기질과 연약함에 기인하여 생겨난 일입니다. 그런데 사역을 하면서 하나님을 더 깊게 깨우쳐가다 보니, 바울 때문에 한 사람, 마가가 큰 상처를 받았을 것 같다는 생각을 하게 됩니다. 바울은 이유를 불문하고 마가를 품어야 한다는 생각을 가졌을 것입니다.

디모데후서는 바울의 마지막 편지입니다. 그가 로마로 간 후, 2년간은 비교적 자유로운 가운데 구금 생활을 하다가 풀려났습니다. 풀려나서는 다시 아가야와 마게도냐 지역을 전도하다가 집시법 위반으로 네로 황제 시대에 두 번째로 구속됩니다. 이때가 바울의 마지막 인생의 때입니다. 옥중에서 바울은 많은 이야기를 누가와 나누고 일을 하지만, 마가를 기억합니다. 그래서 아들 디모데에게 마가를 데려오라고 마지막 편지를 보냅니다. 사역의 방향 때문에 갈라섰던 그 일이 못내 아쉬

움으로 남아 있었나 봅니다. 그것이 바울에게는 잊혀지지 않는 아픔이 되었습니다. 바울의 가슴에 찡하게 아리는 상처가 된 것 같습니다. 이제 머지않아, 네로의 손에 죽기 전에 마가와의 관계를 회복해야겠다는, 이제는 그와 서로 주고받은 아픔을 풀어버려야겠다는 생각을 한 것 같습니다. 하나님에 대한 견해가 다른 것도 아니면서, 동일하게 하나님을 사랑하면서도, 방향이 달라서 바울은 마가와 입씨름을 했습니다. 그런데 서로 갈라서게 된 그 사소한 일이 바울에게는 평생의 걸림이 되었나 봅니다. 세월이 지나고 시간이 흘렀어도 자연스레 회복되지 않았습니다. 어쩌면 흐르는 시간만큼이나, 감정의 골이 더욱더 단단해지고 깊어졌는지도 모릅니다. 바울은 그것이 두려웠습니다. 그래서 죽기 전에, 이 문제를 풀고 싶었을 것입니다. 인생 무대의 막이 내리기 전에, 자기 가슴에 못 밖은 사람들을, 어쩌면 나로 인해 상처받았을 사람들을 다 아우르기를 원한 것입니다. 이것이 진정한 사랑이기에!

마가를 품은 바울

"그도 역시 나에게 유익한 사람이었느니라." 이렇게 한마디를 덧붙이면서까지 마가를 끌어안으려 했던 바울 사도의 원숙한 뒷모습이 너무나 아름답습니다! 바울에게는 마가가 아니라도 지금 자신의 곁에서 자신과 함께하는 신실한 누가가 있었습니다. 바울의 말년 감옥 생활에 유일하게 남아 있던 사람은 누가였습니다. 누가는 누가복음과 사도행전의 저자로 바울의 전도 여행에 동행했습니다. 팔레스틴에서부터 로마까지, 멀고도 험난한 해상 여행에 생명의 위협을 무릅쓰고 바울과 함께 하였습니다(행 27장). 누가는 바울과 함께 복음을 전하는 선교사였으며, 바울의 주치의이기도 했습니다(골 4:14). 누가는 바울의 1, 2차 로마 수감 생활 동안 그와 함께 했으며(골 4:14; 몬 1:24; 딤후 4:11), 서신을 대필하기도 한 비서요 신실한 친구였습니다. 누가는 그리스도인, 선교사, 의사, 비서, 친구로서 바울과 언제나 함께하였습니다.

그러나 바울의 마음 한쪽에는 마가가 늘 자리 잡고 있었습니다. 바울의 마음에는 온전히 사랑하지 못한 마가가 남아 있었습니다. 마가는 나중에 바울이 로마에서 처음으로 체포되는 동안 쓴 편지에 등장합니다. "또한 나의 동역자 마가, 아리스다고, 데마, 누가가 문안하느니라"(빌레몬서 1:24). 골로새서에서도, 바울은 마가가 그와 함께 로마에 있었다고 말합니다 "나와 함께 갇힌 아리스다고와 바나바의 생질 마가와-이 마가에 대하여 너희가 명을 받았으매 그가 이르거든 영접하라-"(골로새서 4:10). 그러나 온전한 관계는 아직 아니었던 것 같습니다. 아직 바울에게는 마가에게 주어야 할 사랑이 더 있다고 생각한 것 같습니다.

바울의 사랑과 마가

마가는 말년에 알렉산드리아 교회를 세우고 이집트에서 선교 활동에 전념하며 헌신된 봉사자로 살다가 순교한 것으로 전해지고 있습니다. 상한 갈대와 같았던 겁쟁이, 실패자의 모습을 떨쳐 버리고, 자랑스런 하나님 자녀의 모습을 보여주었습니다. 여기에는 바울의 공로도 크지 않다고 할 수 없습니다. 마가는 자신의 연약함으로 선교에서 발이 미끄러졌던 뼈아픈 일을 가슴에 조각하듯 새기고, 잊지 않고자 했을 것입니다. 맡겨진 사명을 가로막는 어떤 일에도 다시는 두려움에 떨며 돌아서지 않고자 했을 것입니다. 그러나 변명의 여지 없이, 무너진 그 사건 이후에도, 마가는 여전히 연약한 사람이었습니다. 그렇지만 그 연약함을 주께 맡기기로 결정했습니다. 그래서 넘기 힘든 장벽과 예상치 못한 문제를 만날 때마다 성령께 매달려 간구했을 것입니다. 그날 이후, 마가는 몸부림치며 오직 사명의 줄을 붙잡고 살았습니다. 그리고 비로소 바울의 동역자로 인정받았습니다(몬 1:24). 그런데 영광스럽게도 바울이 마가를 찾았습니다. 바울이 로마 감옥에서 사랑하는 아들 디모데를 부르면서 마가를 데리고 로마로 오라고 했다는 소식을 들었기 때문입니다. 이 소식으로 인하여 마가의 남은 사명은 분명해졌습니다. 마가가 목숨을 바쳐 자신의 정체성에 걸맞은 사역으로 순교하며 인생을 마감할 수 있었던 것은, 바울의 사랑 때문이었다고 할 수 있습니다.

마가 요한의 어린 시절

마가의 유대식 이름은 요한입니다. 히브리어 발음으로 요하난, 요나라고 부릅니다. 마가는 로마식 이름으로 로마에서 흔한 이름입니다. 그 이름의 뜻은 '망치'입니다. 일찍이 아버지를 잃고 어머니와 함께 성장하였습니다. 마가의 외삼촌은 바나바입니다. 그는 어린 시절 제법 부유하게 살았습니다. 마가의 어머니 마리아는 예수님과 제자들에게 예루살렘에서 자신의 가정을 내주었습니다. 그것이 마가 요한의 다락방, 최초의 가정교회가 되었습니다. 그곳에서 120명이 모일 정도이면 큰 부자임을 알 수 있습니다. 넉넉한 삶을 살았기 때문에 교육도 잘 받았던 것 같습니다. 또한, 사도행전 12장 5절에 베드로가 감옥에서 나왔을 때, 마가의 집에 갔는데, 로데라는 계집아이가 있었던 것을 보면 종도 있었던 것 같습니다.

마가의 청년 시기 −한 청년이 벗은 몸으로 도망하다−

마가복음 14장 51-52절을 보면, "한 청년이 벗은 몸에 베 홑이불을 두르고 예수를 따라가다가 무리에게 잡히매 베 홑이불을 버리고 벗은 몸으로 도망하니라"고 기록되어 있습니다. 마태복음, 누가복음, 요한복음에 나오지 않는 장면입니다. 이 장면은 자신이 직접 경험한 내용을 기록한 것 같습니다. '한 청년'이라고 표현한 것은 자신의 이름을 대신하여, '한 청년'이라고 표현한 것 같습니다. 부끄러운 장면이었기 때문입니다. 예수님이 잡혔다는 것을 알고 도망쳤으며, 그것도 옷을 다 벗고 도망쳤기 때문입니다. 마가 요한이 옷을 벗고 도망한 것은 부끄러운 일이나, 성경에는 사도 베드로도 자신이 예수님을 3번 부인한 사건, 사도 바울도 예수님을 핍박하고 스데반을 죽이는 일에 앞장섰던 일들을 정직하게 기술함으로, 자신의 부족함을 기록하였습니다. 성경은 이렇게 진솔한 책입니다.

마가와 외삼촌인 바나바

마가는 외삼촌 바나바의 영향을 많이 받았습니다. 바나바는 예수님의 십자가 사건과 부활의 사건들을 직접 체험한 베드로 사도에게 설교를 들었습니다. 그래서 바나바는 자신이 가지고 있는 재물을 자신만을 위하여 쓰지 않고 가난한 사람들에게 나눠 주고 전적으로 하나님의 일을 하려고 마음을 먹었습니다. 자신이 소유한 땅, 밭, 돈은 더 이상 자신의 삶의 목적이 아니었기에, 그것을 팔아서 주의 종의 발 앞에 두었던 바나바의 모습을 마가는 보았습니다. 화초처럼 자란 마가는 외삼촌 바나바의 영향을 받았기에, 젊은 나이지만 주의 일을 돕는 자가 되었습니다. 온실에서 화초처럼 자란 아이였지만, 바울과 바나바의 제1차 선교사역에 참여하였습니다.

마가의 실패 -제1차 선교여행-

사도행전 15장 37-39절을 보면, "바나바는 마가라 하는 요한도 데리고 가고자 하나 바울은 밤빌리아에서 자기들을 떠나 함께 일하러 가지 아니한 자를 데리고 가는 것이 옳지 않다 하여 서로 심히 다투어 피차 갈라서니 바나바는 마가를 데리고 배 타고 구브로로 가고" 신앙교육을 잘 받은 마가는 외삼촌인 바나바를 따라서 선교여행을 떠나게 됩니다. 그런데 키프로스를 떠날 때, 무슨 일이 있었는지 정확히는 알 수 없지만, 그는 바울과 바나바를 떠나 자신의 집으로 돌아옵니다(사도행전 13:4). 학자들은, 마가가 향수병이 있지 않았는가 생각도 하고, 어떤 학자들은 여태까지 그런 고생의 길을 걸어 보지 못한 사람이었기에 배고픔이라든지, 강도떼라든지, 생명의 위협 같은 것들이 마가를 좌절시켰을 것이라고 봅니다. 그래서 그는 비시디아 안디옥이 아닌, 자기 고향 예루살렘으로 돌아오게 되었습니다. 바울과 바나바를 따라 그 험준한 타우루스 산맥을 넘지 못했던 것입니다.

그런데 바울과 바나바가 다시 선교여행을 떠나고자 했을 때, 바나바는 마가를 다시 데리고 가자고 합니다. 바울은 자신이 회심을 하고 사명을 받아 예루살렘으로 올라갔을 때, 예루살렘의 사도들이 받아주지 않자 힘들고 어려웠지만, 바나바의 강력한 추천으로 하나님의 사역을 감당하게 되었습니다. 그렇기에 바나바가 조카 마가를 선교여행에 동참시키자고 하였을 때, 웬만하면 받아들였을 것입니다. 그러나 무슨 이유에서인지 받아들이지 않았고, 그 이유로 바울과 바나바는 갈라서게 되었습니다.

마가 - 베드로의 영적 아들

베드로전서 5장 13을 보면, "택하심을 함께 받은 바벨론에 있는 교회가 너희에게 문안하고 내 아들 마가도 그리하느니라"라고 기록되어 있습니다. 베드로는 결혼한 사람이었습니다. 그렇기에 이 구절에 나와 있는 아들이라는 표현은 베드로의 친아들이라고 의심할 수 있지만, 실제로는 영적인 아들입니다. 그런데 바울은 골로새서 4장 10절에, 베드로의 아들이 아니라 바나바의 사촌이라고 묘사하였습니다. 그러나 베드로가 마가를 아들이라고 표현한 것은, 그의 애정과 영적인 관계를 나타내기 위함입니다. 자식처럼 귀한 일들을 하기 때문입니다. 마가는 베드로를 따라다녔습니다. 그리고 주의 일을 많이 도와주었을 뿐만 아니라, 베드로 사도의 모든 말씀을 기록하였고, 예수님의 사역을 기록하여 마가복음을 남겼습니다. 신약성경의 가장 근원이 되는 성경입니다. 마가복음에서 마태복음이 나오고, 마가복음을 통하여 누가복음이 나오게 되었습니다. 마가복음의 근원적인 복음이 없었다면, 그 토대가 없었다면, 다른 복음서들은 나오기 힘들었을 것입니다. 마가복음은 문학적인 세련미가 부족하지만, 단순하고 직접적인 화법으로 예수님의 사역을 베드로에게 받아 적은 것으로 보고 있습니다.

진정한 용서의 길

상처 입은 치유자, 상처 주는 동역자…. 상처 입은 치유자인 우리는 어쩌면 우리끼리 또 상처를 주는 동역자인지 모릅니다. 근본적으로 하나님을 반대하는 건 아니면서도, 하나님을 사랑한다고 하면서, 자신이 취하는 방향 때문에, 우리는 때로 입씨름을 할 때가 있습니다. 그리고 그 다툼이 평생의 한으로 남겨질 수 있지요. 그것은 세월이 지나고, 시간이 흐른다고 절로 회복되는 것이 아닙니다. 어쩌면 흐르는 시간만큼 더욱더 굳고 단단하게 각인될지도 모릅니다. 바울에게도 그게 두려웠던 것입니다. 그래서 죽기 전에 이 문제를 풀고 싶었습니다. "마가요한, 그를 데리고 오너라. 그는 나에게 유익한 사람이니라…." 이 말 한마디를 꼭 추가하는 그의 편지를 보며 많은 감동을 합니다. 먼저 용서를 요청함으로 사랑을 실천하며 화해하기를 원하였기 때문입니다. 서로 갈등이 있을 때, 큰 자가 먼저 손을 내밀어 관계를 정리해 주었기 때문입니다. 이것이 그리스도인의 삶의 모습입니다. 바울의 말년은 이렇게 사랑 안에 있는 용서와 화해 때문에 빛이 납니다.

진정한 용서는, 서로 갈라진 이후에 화해를 청할 수 있는 길은, 언제나 큰 자가 작은 자에게 먼저, 어른이 더 어린 사람에게 하는 법이라는 것을 잊지 말아야 합니다. 회사나 직장에서도 상사가 아랫사람에게, 그리고 교회 안에서도, 먼저 된 자가 나중 된 자에게, 그런 화해의 손길을 내미는 것이 그리스도 안에서 바른 모습임을 알 수 있습니다. 진정한 사랑은 용서와 화해라는 결론을 창출합니다.

여섯 번째 이야기
'용서'의 또 다른 이름 – '괜찮아!'

그 날에 그들 중 둘이 예루살렘에서 이십오 리 되는 엠마오라 하는 마을로 가면서 이 모든 된 일을 서로 이야기하더라 그들이 서로 이야기하며 문의할 때에 예수께서 가까이 이르러 그들과 동행하시나 그들의 눈이 가리어져서 그인 줄 알아보지 못하거늘….

그들이 서로 말하되 길에서 우리에게 말씀하시고 우리에게 성경을 풀어 주실 때에 우리 속에서 마음이 뜨겁지 아니하더냐 하고 곧 그 때로 일어나 예루살렘에 돌아가 보니 열한 제자 및 그들과 함께 한 자들이 모여 있어 말하기를 주께서 과연 살아나시고 시몬에게 보이셨다 하는지라 두 사람도 길에서 된 일과 예수께서 떡을 떼심으로 자기들에게 알려지신 것을 말하더라(눅 24:13-35)

가수 이하이가 부른 노래 '한숨'이라는 곡이 있습니다. 이 노래는 이하이가 너무 힘들 때, 샤이니 종현이 작사 작곡하여 선물해준 곡이라고 합니다. 이 노래를 만들면서, 샤이니 종현은 사람들에게 듣고 싶었던 말들을 담았다고 합니다. "가끔은 실수해도 돼, 너를 이해해, 수고했어, 내가 안아줄게..." 이 노래는 특별히 코로나 시기에 많이 불려져 사람들에게 위로를 주었습니다. 가사의 특징은, '탑다운 방식'으로 무엇인가를 전달하려는 것이 아니라, 상대방의 눈높이에서, 동등한 입장에서, 상대방에게 다가가, 하나가 되어 준다는 느낌을 전해줍니다. 위로라는 것은, 나의 입장에서 나를 알아줄 때, 그리고 사랑이 담겨져 있을 때, 위로가 됩니다. 저는 이 노래를 들을 때마다, '기독교가 힘들고 아픈 삶을 살아가고 있는 세상을 향하여 이러한 방식으로 다가서고 위로해 주어야 하는데...'라는 생각을 많이 했었습니다. 누가복음에서 엠마오로 내려가고 있었던 제자들을 만나주시고 그들을 회복시켜주신 예수님의 방식이 바로 이와 같은 방식이었습니다. 이미 예수께서는 그와 같은 방식으로 세상을 찾아오셨고, 만나시고 회복시켜 주셨습니다. 그것이 기독교의 방식인 것입니다.

용서를 위해 찾아가시는 예수님

엠마오로 내려가는 제자들은 실제로 그 자리가 그들이 있어야 할 자리가 아니었습니다. 그 제자들이 원래 있어야 할 자리, 그리고 사역을 펼치며 살아가야 할 자리는 예루살렘이었습니다. 그러나 그들은 예수님의 십자가 처형으로 소망을 잃어버리고 복음의 전초기지와 같은 예루살렘을 떠나 실의에 찬 채, 엠마오로 내려가고 있습니다. 그런데 부활하신 **예수님은 실의에 차서 세속의 도시로 내려가고 있던 제자들을 찾아가서서 위로하시고 그들을 회복시켜 다시 그들의 새로운 삶을 시작하게 해주십니다.** 이것이 실제적인 부활의 경험이 아닐까요? 자신들의 삶을 올인하였던 일에서 실패를 맛보고, 소망 없이 세상으로 내려가고 있는 자들에게, 다시 시작할 수 있는 힘과 소망을 주는 것 말입니다! 예수님의 입장을 문장으로 표현해 보자면, **"괜찮아! 다시 시작하면 돼!"**라는 문장이 어울릴 것 같습니다. 굉장히 따뜻해 보이지 않습니까? 그리고 누가 들어도 위로가 될 수 있는 어구가 아닐까요? 예수님은 그렇게 그들을 회복시키셨습니다. 왜 있어야 할 자리를 지키지 않고 세상을 향하여 내려가고 있냐고 야단치시지 않으셨습니다. 왜 내가 부활을 한다고 말해주었던 것을 믿지 못하고 세상으로 내려가고 있느냐고 반문하시지도 않았습니다.

본문에 보면, 그들은 부활의 소식을 들었고, 부활의 현장을 목격한 자도 있었으나, 부활을 확신하지 못하고 엠마오로 내려가고 있었습니다(22-24절). 부활은 너무나 엄청난 사건이라서 들은 소식만으로, 그리고 시체가 사라진 무덤의 현장만을 보고서는 확신할 수 없었나 봅니다. 그런데 예수님은 그들에게 어떠한 불편한 기색도 비치지 않으셨습니다. 마치, 그럴 수 있다는 듯이, 자연스럽게 그들에 대화에 참여하시며 그들과 하나가 되서서 자신이 원하시는 일을 하셨습니다. 예수님의 입장은 다음과 같이 표현할 수 있을 듯 합니다. **'누구나 의심할 수 있어! 확신하기 전까지는!' '누구나 흔들릴 수 있어! 신앙이 성숙하기까지는!' '누구나 쓰러질 수 있어! 세상이 만만찮으니!' '넘어지면서 성장해 가는 거야! 그때 내가 곁에 있다는 것을 잊지마!'** 이렇게 추론할 수 있는 근거를 본문에서 아래에서 제시하고자 합니다.

곁에 계시는 예수님

복음서에 나타나 있는 예수님의 부활 후 행적을 살펴보면, 예수께서 부활하신 모습을 직접 보여주시고 회복시켜주신 대상이 주로 제자들이었고 예수님을 따르던 자들이었습니다. 즉, 회복의 일차적인 대상이 믿음이 있었던 자들이라는 것입니다. 부활은 생명이 있었음을 전제합니다. 그렇기에 예수 안에서 생명을 가졌지만, 예수께서 십자가 죽음 후 그 믿음이 식어져 가는 자들을 찾아가셔서 다시 회복시키는 일을 하신 것이지요. 그들에게 다시 믿음을 심어 주시기 위함이요, 그 믿음이 어디에서 시작되어야 하는지를 가르쳐 주시기 위함이었을 것입니다. 물론 예수님의 부활 사건은 믿음의 권속들뿐만 아니라, 세상의 모든 사람에게 적용되고 경험될 수 있는 사건이지만, 순서로 보자면 그렇다는 것입니다. 그렇기에 지금 신앙생활을 하고 있지만, 세상이 만만찮아서 믿음이 식어 가고 있다고 느끼시는 분들이나, 내가 죽어가고 있다고 느끼시는 분들은, 부활하신 예수께서 지금 곁에 계신다는 사실을 기억하셨으면 좋겠습니다. 엠마오로 내려가는 제자들도 처음에는 부활하신 예수님이 그들과 함께 동행하고 계신다는 사실을 알아차리지 못하였습니다. 그러나 예수께서 눈을 열어주셨을 때 깨달았습니다. 오늘 우리에게도 그러한 역사가 일어날 수 있습니다.

엠마오로 내려가고 있는 제자들은 예수님의 열두 제자에 속하는 자들은 아니었습니다. 그러나 예수님을 적극적으로 따르는 자였던 것 같습니다. 그들은 예수께서 아무런 저항 없이 십자가에서 죽으시고 무덤에 묻히시자, 예루살렘에서의 모든 희망이 사라져 버렸습니다. 게다가 예수를 따랐던 자들이라는 수식어가 붙어 있기에 두려움마저 엄습하였을 것입니다. 그러나 무엇보다도 문제였던 것은, 예수님의 십자가 죽음 후, 그들은 자신들이 무엇을 믿고 따랐는지 알지 못하였습니다. 그들이 가지고 있었던 믿음에 회의가 들었습니다. 왜냐하면 그들의 믿음의 기반이 되시는 예수님을 제대로 알지 못하였고, 단지 "이스라엘을 속량할 자"(21절)라고 믿었기 때문입니다. 즉, 자신들의 문제를 해결해 주실 분으로만 예수님을 믿었던 것이지요. 그런데 예수께서 힘없이 십자가에서 죽자, 모든 희망이 깨어지고 엠마오로 내려가게 되었습니다. 예수님은 그러한 제자들을 회복시키시기 위하여 그들의 길에 함께하신 것입니다. 그렇다면 예수께서 그들의 믿음을 회복시켜 주시고 바로 잡아 주시기 위하여서 하신 방법은 무엇일까요?

용서가 전제된 회복의 방법 -동행-

첫째, 제자들과 동행해 주셨습니다. 예수님은 부활의 모습을 큰 영광스러운 세레모니와 함께 그들에게 보여주시지 않았습니다. 그렇게 한다면, 한 번의 놀랍고 경이로운 임팩트는 줄 수 있을지 몰라도, 그들의 마음을 변화시켜 믿음을 성장시키기에는 한계가 있기 때문입니다. 예수님은 제자들조차도 알아차리지 못할 정도로 조용히 그들과 동행해 주셨습니다. 자신을 과시하여 나타내시는 분이 우리 주님이 아니십니다. 안타까운 마음으로, 긍휼의 마음으로 그들을 회복시켜 주시고자 하시는 것이 예수님의 목적이었기 때문입니다. 이러한 예수님의 모습을 우리 그리스도인들이 잘 배워야 합니다.

용서가 전제된 회복의 방법 -대화-

둘째, 예수님은 그들의 대화에 함께 참여하셨습니다. 예수님은 대화를 나누던 제자들의 이야기를 듣고 계시다가 질문을 던지셨습니다. "너희가 길 가면서 서로 주고받고 하는 이야기가 무엇이냐"(17절) 제자들의 마음의 상태를 더 깊이 파악하시기 위하여 그들의 이야기를 경청하시기 위함이었습니다. 그리고 긍휼한 마음으로 그들을 바라보셨을 것입니다. 철저하게 자신을 먼저 드러내지 않으셨습니다. 이것이 그들과 하나가 되어가는 과정입니다. 믿음이 식어진 자, 여러 가지 문제로 아프고 괴로운 자들을 회복하기 위해서는 먼저 그들의 눈높이에 맞추는 일이 필요합니다. 부활하신 예수님은 부활의 권능과 영광으로 충분히 제자들을 제압하시고 능력을 보여주실 수 있었지만, 그렇게 하지 않으셨습니다.

용서가 전제된 회복의 방법 -문제제시-

셋째, 제자들과의 대화 속에서 예수님은 그들이 실제적으로 예수님을 어떻게 생각하고 따랐는지를 드러내셨습니다. 이것이 문제해결의 가장 중요한 부분입니다. 제자들이 왜 실의에 차 있는지 그 원인이 드러나야 제대로 된 치유가 가능하기 때문입니다. 제자들은 예수님은 단지 로마의 압제하에 있던 이스라엘을 속량할 자로만 바라보았습니다. 구약의 선지자들이, 그리고 하나님께서 보내신 자들이 메시아의 역할에 대해서 예언을 많이 하셨어도 알아차리지 못하고, 당장 시급한 자신들과 관련된 일들의 해결자로만 예수님을 보았던 것입니다.

용서가 전제된 회복의 방법 -성경을 풀어주심-

넷째, 예수님은 제자들에게 성경을 풀어주셨습니다. 구약의 선지자들이, 그리고 하나님의 사람들이 나중에 나타날 메시아에 대하여 말한 예언이 바로 자신을 향한 것임을 깨닫게 해주신 것이지요. 제자들은 유대인이었음에도 자신들이 듣고 알고 있었던 메시아에 관한 이야기들을 자신에게 유리하게 해석하고, 또 메시아의 고난과 같은 예언들은 아예 빼놓고 있었음을 예수께서 가르쳐 주신 것입니다. 그 핵심으로는, "메시아가 고난을 받고 자기의 영광에 들어가셔야 함"을 말하고 있는데, 왜 너희들은 메시아의 고난에 대해서는 생각하지 못하고 있느냐는 것이지요. 이 부분에서는 '친절한 예수님'이라는 명칭을 붙이고 싶습니다. 정말로 너무 친절하게 성경을 풀어서 해석해 주시고 그때 제자들의 마음이 성령의 역사하심으로 뜨거워지기 시작합니다.

용서가 전제된 회복의 방법 -떡을 떼어 주심-

다섯째, 제자들이 초대한 식탁에 응해주셨습니다. 바쁘고 하실 일들이 많으셨겠지만, 아직은 그들을 위해서 하셔야 할 일이 남아 있습니다. 예수님은 제자들과 기꺼이 식탁 교제를 나누십니다. 이때 예수께서는 떡을 축사하시고 떼어 주셨습니다. 그 떡을 받아먹은 제자들은 눈이 밝아져 예수님을 알아보게 되었습니다. 여기서 떡을 축사하시고 떼어 주셨다는 것은 성찬을 의미한다고 볼 수 있습니다. 여기서 성찬은 유일하게 예수님이 제정하신 예식입니다. 자기 살을 찢고 자기 피를 기억하는 행위입니다. 한마디로 그리스도의 죽음입니다. 구약의 메시아에 관한 이야기를 알고 있었던 제자들이었지만, 메시아가 받아야 할 고난을 십자가와 연결시키지 못한 제자들에게, 그것을 깨닫게 하시기 위하여 자신이 제정한 성찬을 베풀어 주심으로 메시아의 고난과 영광을 연결시켜 자신이 이 땅에 오신 메시아이심을 깨닫게 해주신 것입니다.

용서가 전제된 회복의 방법 -성령의 역사-

여섯째, 순서의 시간적인 차이는 있지만, 제자들은 마음이 뜨거워지기 시작하였습니다. 여기서 뜨거워지기 시작하였다는 것은 원문의 의미로는, '불타오르다'는 의미입니다. 즉 성령의 역사입니다. 성령의 역사가 말씀을 풀어주실 때 시작하여 뜨겁게 하시더니, 성찬을 통하여 닫혔던 눈이 열리게 되었습니다. 메시아의 고난과 영광이 연결되어 있음이 성령의 역사를 통하여 온전히 깨달아지는 순간이었습니다. 그렇습니다! 부활의 확신은 부활의 증거로 가능한 것은 아닙니다. 부활의 증언으로 만도 가능하지 않습니다. 엠마오로 내려가던 제자들은 부활의 소식도 들었던 자들이었고, 또한 부활의 현장을 목격한 자도 있었습니다(22-24절). 그러나 부활에 대한 확신이 없었기에 엠마오로 내려가게 되었습니다. 그러나 예수님은 그러한 제자들에게 성경을 풀어주시고 성찬을 베풀어 주심으로 성령의 역사 안에서 부활을 확신하게 해 주셨습니다. 오늘 우리에게 필요한 것도 바로 이것입니다. 부활의 증거들과 부활의 현장이 필요한 것이 아닙니다. 성령의 역사 안에서, 말씀과 성찬을 통하여 예수 그리스도의 죽음과 부활이 깨달아지고 내 사건이 되어야 합니다. 성령이 역사하셔서 마음이 뜨거워질 때, 냉담하던 응어리가 풀어져 눈물이 나올 수도 있습니다. 이것이 은혜입니다.

일곱째, 제자들은 그들이 있어야 할 자리로 되돌아갔습니다. 늦은 감이 있어 보이지만, 그것이 중요하지 않습니다. 왜냐하면, 살아가면서 흔들리지 않는 사람이 없고, 넘어지지 않는 사람이 없기 때문입니다. 그러나 부활하신 예수님을 만나 은혜를 경험하였을 때 다시 내가 있어야 할 자리로 되돌아갈 수 있습니다. 마음이 뜨거워진 그들은 도저히 엠마오에 유숙할 수 없었습니다. 엠마오로 내려간 제자들의 가장 큰 문제는 눈이 가리워져 예수께서 함께 하셨어도 예수님을 알아보지 못한 것입니다. 눈이 가리워 졌다는 것은, 최초의 아담과 하와에게 사탄이 가져다 준 유혹과도 같은 맥락에 있습니다. "눈이 밝아져 하나님처럼 되리라" 그러나 그들은 선악과를 따먹고 실제로 눈이 가리워 졌습니다. 하나님의 마음도 알지 못하고. 그 하나님과의 관계도 깨어졌습니다. 그러한 인간의 연약한 모습이 예수님을 따라다녔던 제자들에게도 나타나 있습니다. '눈이 가리워져' 예수님을 알아보지 못하였기 때문입니다. 그들은 부활의 증거도 들었고 현장도 보았던 자들입니다. 그런데 부활을 이해하지 못하였습니다. 그런데도 사람들은 오늘날에도 부활에 관한 기적과 이적들만 요구합니다. 기독교를 기형적으로 만드는 것이지요. 그러나 예수님은 그러한 제자들의 눈을 열어주셨습니다. 눈이 열리자, 그들은 예수님을 알아보고 있어야 할 자리로 되돌아 갔습니다. 가리워 졌던 눈만 열려지면 됩니다. 눈이 가리워져 있으면 예수님의 부활의 사건도 확신할 수 없습니다. 다시 말하자면, 내 사건이 되지 못하는 것이지요. 그러한 제자들에게 예수님은 말씀과 성찬으로 그들의 눈을 열어 주셨습니다. 그때 예수님의 부활이 그들의 사건으로 경험할 수 있게 되었습니다. 하나님의 말씀은 충분하고 완전한 하나님의 계시입니다. 그것으로 충분합니다. 그렇기에 그 말씀이 성령의 역사안에서 깨달아져야 합니다.

괜찮아! 주님이 계시잖아!

우리의 신앙생활에서 신앙의 흔들림과 넘어짐의 순간을 실패라고 정의하지 마십시오. 그때가 다시 일어날 때이고 회복할 때입니다. 부활하신 주님을 다시 만날 때입니다. 흔들림 없이, 넘어짐 없이 신앙생활을 하는 사람은 없습니다. 그러나 그때마다 부활하신 주님이 '괜찮아! 다시 시작하면 돼!'라고 말씀해 주시고 도우시기에 회복할 수 있습니다. 주님을 배신하고 믿음이 식어진 것은 우리지만, 주님은 우리를 용서하십니다. 용서를 바탕으로 회복시켜 주십니다. 이분이 우리의 주님이십니다. 그렇기에 용서의 또 다른 이름을 '괜찮아'라고 부를 수 있지 않을까요? 지금도 그러한 주님의 세미한 음성이 들려질 수 있습니다.

우리는 우리의 신앙이 흔들릴 때 버림받았다고 생각하기에 힘든 시간을 보내기도 합니다. 엠마오로 내려가는 제자들도 마찬가지였습니다. 예수께서 십자가에서 죽으셨을 때, 자신들이 버림받았다고 생각하게 되었습니다. 예수님의 죽음을 이해하고 해석할 방법이 없었기에, 그들은 절망적이었습니다. 이해할 수 없는 사건은 절망을 가져오기 때문입니다. 그때 문제에 내 자신이 함몰되고, 답도 보이지 않습니다. 엠마오로 내려가는 두 제자도 그러한 상태에서 슬픈 빛을 띠고 마음이 흔들려 예수님을 바라보니 예수님이 보이지 않았던 것입니다. 흔들리고 넘어질 때, 이렇게 생각하십시오. **'흔들릴 수 있고 흔들려도 괜찮다. 넘어질 수 있고 넘어져도 괜찮다. 주님이 옆에 계시니까!'** 흔들리는 우리를 붙잡아 주시고, 넘어진 우리를 일으켜 세워주시는 부활하신 주님이 옆에 계시기에!

일곱 번째 이야기
용서의 과정과 목적

그러므로 보라 내가 그를 타일러 거친 들로 데리고 가서 말로 위로
하고 거기서 비로소 그의 포도원을 그에게 주고 아골 골짜기로 소
망의 문을 삼아 주리니 그가 거기서 응대하기를 어렸을 때와 애굽
땅에서 올라오던 날과 같이 하리라 여호와께서 이르시되 그 날에
네가 나를 내 남편이라 일컫고 다시는 내 바알이라 일컫지 아니하
리라 주인 내가 바알들의 이름을 그의 입에서 제거하여 다시는 그
의 이름을 기억하여 부르는 일이 없게 하리라 그 날에는 내가 그
들을 위하여 들짐승과 공중의 새와 땅의 곤충과 더불어 언약을 맺
으며 또 이 땅에서 활과 칼을 꺾어 전쟁을 없이하고 그들로 평안히
눕게 하리라 내가 네게 장가 들어 영원히 살되 공의와 정의와 은총
과 긍휼히 여김으로 네게 장가 들며 진실함으로 네게 장가 들리니
네가 여호와를 알리라(호 2:14~20)

하나님과의 관계에 초점을 두지 않았던 이스라엘은 지속적으로 하나님을 떠나 자기 마음대로 살았습니다. 하나님은 호세아와 고멜의 관계가 하나님과 이스라엘의 관계와 같음을 가르쳐 주셨습니다. 그러나 하나님은 당신을 떠난 이스라엘을 포기하지 않으시고 회복하기 위하여 노력하셨습니다. 회복을 위한 노력이라는 것은, 잘못한 이스라엘에 대한 용서를 기초로 한 하나님의 행위입니다. 본문을 보면, 하나님은 그들을 용서하시고 화해하시기 위하여 '거친 들'로 데려가셨습니다. 왜 하나님은 당신의 백성들을 '거친들로 데려가실까?'라는 질문이 제기될 수 있습니다.

포기하지 않는 하나님

하나님은 이스라엘을 '거친 들'로 데려가시기 전에, 여러번 사인을 주셨습니다. 그리고 돌아오라고 타일러 주셨습니다. 하나님과의 관계가 올바르지 않으면 이스라엘의 정체성은 무너지며, 그들 역시 의미 없는 삶을 살아갈 수밖에 없기 때문입니다. 그런데도 그들은 하나님의 말씀을 듣지 않았습니다. 하나님의 용서를 거부한 것이지요. 이렇게 되면, 끝이라고 생각할 수 있지만, 하나님은 그때에도 우리를 포기하지 않습니다. 그렇다면 하나님은 그러한 이스라엘을 어떻게 용서하시고 회복시키실까요?

하나님께서 우리를 포기하지 않으시니까, 무조건 때릴까요? 하나님이 우리를 포기하지 않으시니까, 우리를 억압하실까요? 그렇지 않습니다. 호세아서 1장과 2장 상반부 내용을 보면, "이스라엘이 나를 떠났고, 나를 배신했고, 이방의 신들을 섬겼으며 간음한 자"라고 계속 말씀하십니다. 그리고 그들에게 포도원을 줬는데, 그들이 그것을 잘 지키지 못해서 수풀이 우거지게 하고 들짐승들의 열매가 되게 하여서 하나님이 그 포도원을 되찾아 가셨다고 말씀하십니다.

용서와 회복의 과정

이스라엘은 지금 밑바닥에 지금 처해 있습니다. 말이 밑바닥이지, 밑바닥까지 내려가면 너무 힘들고 어렵지 않을까요? 그런데 그 밑바닥까지 내려간 이스라엘을 회복하시는 말씀이 기록되어 있습니다. 여기에서 가장 중요한 내용은, 어떤 복에 대한 약속이 아닙니다. 하나님의 복에 대한 약속은 그들이 회복됐을 때 주어지는 것이지, 회복되지 않았는데 줄 수 있는 것은 아닙니다. 하나님은 그들을 용서하시고 회복하시기 위해 가장 먼저, 거친 들로 데려가시겠다고 합니다. 그런데 거친 들로 데려가시는 방법은 '타일러서' 데려가겠다는 것입니다. '타이르다'라는 말의 어원을 보면, "유혹하다 꼬드긴다"라는 의미를 가지고 있습니다. 하나님이 그 백성들을 회복하고 세우기 위해 거친 들로 데려가시는데, 그 거친 들로 데려가실 때, 타일러서, 다시 말하면, 꼬드기고 유혹해서 데려가신답니다. 안 그러면 따라오질 않습니다. 따라오지 않으면 그들에게 소망이 없기 때문입니다. 저는 여기에도 하나님의 인격이 담겨 있다고 생각을 합니다. "내가 참는 것도 유분수지 너 안 따라와!" 이렇게 하실 수도 있고, "내가 얼마만큼 참아야 하겠냐?"라고 말씀하실 수도 있지만, 이스라엘이 용서함을 받고 회복될 수 있는 유일한 방법은, 그들이 하나님과 같이 거친 들로 가는 것입니다. 거친 들로 가지 않으면 용서받고 회복될 수가 없습니다. 그래서 타일러서 데려가시겠다고 합니다. 어떻게 보면, 하나님은 처음부터 끝까지 사랑이신 것 같습니다.

용서를 위해 필요한 '거친 들'

우리는 이 상황에서 다음과 같이 질문 할 수 있습니다. "하나님 왜 거친 들이에요? 그냥 은혜 주시면 안 돼요?" 안됩니다! 우리의 내면이 바뀌지 않고는, 그 은혜를 받아도 지속하지를 못합니다. 우리가 분명히 알아야 할 것이 있습니다. 하나님이 은혜를 주시기 싫어서, 못 주셔서, 안 주시는 게 아닙니다. 하나님이 은혜를 주셨을 때, 그 은혜를 유지할 수 있는 그릇이, 그리고 은혜를 지속할 수 있는 능력이 내면에 준비되지 않았기 때문입니다. 성경의 원 역사라고 불리는 창세기 1장부터 11장까지를 보면, 결국 인간이 타락한 뒤에도 하나님은 은혜를 지속해서 주십니다. 그러나 인간은 지속해서 죄를 짓습니다. 그래서 얻은 결론은, 하나님의 일방적인 은혜만으로는 회복이 될 수 없다는 것입니다. 그래서 하나님은 아브라함을 부르시고, 그 족보를 통하여 메시아 예수가 이 땅에 오시는 일 외에는, 이 땅이 구원되고 회복될 수 없다는 것입니다. 그럼에도 불구하고, 우리는 내 삶이 밑바닥일 때, 그리고 어려울 때 은혜를 구합니다. 하나님은 임시 방책으로 은혜를 주실 수 있지만, 그것이 밑바닥에 처한 나를 다시 올려놓고 회복시키고 세워놓을 수 있는 유일한 길이 아닙니다.

그래서 아버지가 하시는 일이 있습니다. 그것은 바로 거친 들로 데리고 가시는 것입니다. '거친 들'은 '들판'입니다. 거칠어서 사람이 살 수 없는 곳입니다. 그래서 이스라엘 백성들에게는 '거친 들' 하면 떠오르는 것이 있습니다. '광야'입니다. 그렇다면 하나님께서 은혜 대신, 그들을 광야로 데려가시는 이유가 어디 있을까요? 광야가 어떠한 곳입니까? 힘들고 어려운 장소입니다. 사람이 살 수 없는 곳입니다. 그런데 그들에게 광야는, 하나님만 의지하고, 하나님만 붙잡고, 하나님의 인도하심을 받고, 하나님의 기적을 체험했던 장소이기도 합니다. 광야에서는 하나님 없이 살 수 없습니다. 비록 그들이 광야에서 인간적인 죄 된 본성이 튀어 올라와 하나님을 원망하기도 했고, 불평하기도 했지만, 40년 동안 그들이 훈련받은 것은, 하나님만 붙잡고, 하나님을 의지하고, 하나님의 도우심을 받는 장소였습니다. 하나님은 지금 이 장소로 그들을 데려가시는 것입니다. 이 장소는 또한 이스라엘의 추억의 장소이기도 합니다. 어떤 추억의 장소일까요? 힘들었지만, 하나님의 은혜가 있었던, 인생에 다른 어떤 누구도 보지 않고 하나님만 바라보았던 장소가 거친 들입니다.

지금 이스라엘을 회복시키기 위해 가장 필요한 것은, 세상에 젖어들어, 나도 모르게 세상과 동화되어 하나가 되어 있는 내 삶의 습관을 단절시키는 일입니다. 하나님과 세상을 겸하여 섬기면 도저히 방법이 없습니다. 하나님이 아무리 은혜를 주셔도, 그 은혜는 일시적인 것밖에 안 됩니다. 내가 왜 이렇게 밑바닥에 처해 있는지, 내가 왜 이렇게 힘든지, 내가 왜 이렇게 고생스러운지 알아야 합니다. 그것을 위하여 하나님은, 하나님만 의지했던, 하나님에게만 부르짖었던, "하나님 왜 우리에게 고기를 안 주세요?" 했을 때, 동풍을 불어 메추라기를 먹이셨던, "하나님 우리 광야에서 뭘 먹고 살아요"라고 했을 때, 하나님의 방법으로 만나를 먹이셨고, 밤에는 물기둥으로 낮에는 구름 기둥으로 그들과 가까이서 함께하시며 머리 털끝 하나 상하지 않게 하셨던 그 장소, 그 곳으로 데려가시는 것입니다. 하나님께서 이스라엘을 거친 들로 데려가셨을 때, 그들은 깨달았을 것입니다. '그래! 힘들었지만, 은혜가 있었던 곳이었지! 힘들었지만, 하나님의 기적이 있었던, 힘들었지만, 하나님의 공급이 있었던, 힘들었지만, 하나님의 인도하심이 있었던 그 장소였구나!' 그렇기에 이스라엘은 광야라는 거친 들로 들어갔을 때, 비로소 내가 어떠한 존재인지 알게 됩니다. 그 장소에서 현실적인 내 모습을 보게 되는 것이지요. 그리고 하나님만 바라보게 됩니다. 자연스럽게 코람데오가 되는 것입니다.

거친 들에서 나를 깨닫게 됨

우리가 세상에 동화되게 되었을 때 나타나는 가장 큰 특징이 있습니다. 그 특징은, 내가 누군지를 잘 모르는 것입니다. 그리고 항변합니다. "세상 사람들 다 저렇게 살잖아요. 주님, 왜 나만 이렇게 쫀쫀하게 살아야 해요? 세상은 저렇게 죄짓고도 사는데 왜 나만 이렇게 깨끗한 척하면서 힘들게 살아야 합니까? 나 이 정도면 괜찮은 거 아니에요?" 이러한 항변이, 하나님과 관계가 좋으면서 이야기한 것이라면 투정으로 받아줄 수 있는데, 하나님과 멀어진 뒤 이야기가 나왔을 때는, 그것이 내 삶의 전체가 되어버립니다.

그런데 하나님께서 거친 들로 데려가 반드시 보게 하시는 것이 있습니다. 내가 누구인지, 내가 얼마나 초라한 자인지를 깨닫게 되는 것입니다. 아무것도 가지고 있지 않은 자라는 것을 보게 되는 것입니다. 하나님의 도움이 없으면, 하나님의 인도하심이 없으면, 하나님의 공급하심이 없으면, 내가 그 자리에서 굶어 죽을 수밖에 없는 자라는 사실을 깨닫고, 절대자이신 하나님이 크게 보이기 시작하는 것입니다. 그래서 하나님은 지금 그 장소, 그 장소로 이스라엘을 데리고 가시는 것입니다. 그곳에서 하나님을 찾도록, 그리고 용서를 구하도록 하시기 위함입니다. 자신이 잘못하고도, 무엇을 잘못했는지 알지 못하는 자들에게, 또는 잘못하고도 용서를 구하지 못하는 자들에게 필요한 장소가 거친 들입니다.

거친들 = 고독

거친 들은 많은 사람을 고독하게도 만듭니다. 여러분이 고독이라고 하는 것은 외로움과 좀 차이가 있지만, 외로움이 극화됐을 때 고독이라고 하는 단어를 사용합니다. 외로움과 다른 점은, 이 외로움은 부정적인 경향이 많지만, 고독은 굉장히 긍정적인 면이 많습니다. 첫째, 내가 누구인지를 보게 해주고, 둘째, 나를 창조주 절대자와 연결시켜 주고, 그 앞에 무릎 꿇게 해 줍니다.

유명한 기독교 영성가인 토마스 머튼(Thomas Merton)이 처음에 수도원에 들어갔을 때 그는 수도 생활을 장밋빛처럼 생각했었던 것 같습니다. 그러나 수도원의 생활이 시간이 흐르면서 그는 고독함을 느끼게 됐고, 영혼의 겉치레를 벗어 던지고, 하나님을 깊이 있게 받아들이는 광야의 좁은 길을 경험하게 됩니다. 토마스 머튼은 수 세기 동안 수도 생활을 통해서, 광야로 사람들을 나가게 했던 열망을 경험했고, 사랑 안에 하나님과 일치하는 정화의 자리로 가기 위한 사회의 유혹과 멀어지는 경험을 하게 됐습니다. 수도원의 규율은 토마스 머튼의 분산된 생활에 질서를 가져 왔고, 수도원 생활을 하면서 절제되고 질서 있는 삶 속에서 철저하게 외로운 자기 모습을 절대자인 하나님 앞에 맡기며, 깊이 있는 영적인 세계로 들어가게 되었습니다.

하나님은 이스라엘을 거친 들로 데려 가서 "말로 위로"하십니다. 하나님께서 그 백성들을 거친 들에 데려가셔서 하시는 일이 한 가지입니다. 하나님의 말씀을 들려 주셔서 위로하신다는 것입니다. **위로는 '하늘을 향해서 숨을 쉬게 하는 것'이라는 원어적 의미를 가지고 있습니다. 다시 말하면, 영적으로 막혀 있었던 숨이 트이게 하는 것입니다. 무엇을 통해서요? 하나님의 말씀을 통해서 입니다! 영적인 숨이 틔어질 방법은 하나님의 말씀밖에 없습니다.** 그래서 광야가 하나님의 말씀이 있다고 합니다. 세상에 동화되어서, 세상과 하나 되어 살아갈 때는, 하나님의 음성이 들려지지 않습니다. 그렇기에 하나님은 이스라엘을 유혹하고 꼬드겨서, 결국 거친 들로 데려가십니다. **이것이 용서의 과정입니다. 용서를 경험하기 위해서, 화해를 경험하기 위해서 거친 들이 필요한 것입니다.** 거친 들에 데려가시자, 하나님이 보이기 시작합니다. 내 모습도 보입니다. 그래서 죄책감이 들고, 수치감도 들고, 더 위축된 나에게, 하나님은 책망하지 아니하고, 정죄하지 아니하고, 말로 위로하십니다.

하나님의 말씀으로 위로해 주시며, 하늘을 향해 막혀 있었던 숨이 트이게 하신다는 의미는, 거꾸로 무엇을 가르쳐 주고 있을까요? 우리가 이 땅에 살아가면서 힘들고, 좌절하고, 어려웠던 가장 큰 이유가, 하나님을 향해 숨을 쉬지 못한 데 있다고 하는 것입니다. 영적인 숨이 막혀 있었다는 것입니다. 하나님의 위로를 받지 못했다는 것입니다. 그래서 때로는 우리 인생에 거친 들이 어려운 시간만은 아닌 것 같습니다. 그 시간 우리가 겸허하게 하나님을 떠올리고, 고독 속에서 무엇을 해야 할까를 생각한다면, 그 고독 속에 들려오는 주님의 음성이 있습니다. 그 말씀을 받아들였을 때, 하나님의 위로를 받아 막혀 있었던 숨이 트이게 됩니다. 이것이 얼마나 위대한 일인지 모릅니다. 용서를 위한 길이 열린 것입니다.

이렇게 볼 때, 역경이 우리에게 힘든 일만은 아니라고 할 수 있습니다. 어떻게 보면, 어떤 이유로 찾아온 고난과 역경이라고 할지라도, 그 고난과 역경은 하나님이 나에게 허락하신 거친 들일 수 있습니다. 그렇다면 고난과 역경에서 무엇을 해야 할까요? 내면을 잠잠히 해야 합니다. 그래야 하나님의 음성이 들립니다. 이것을 고독이라고 표현했습니다. 혼자이지만, 내면이 정리된 상태입니다. 여러분 고난과 역경이 와도 힘들다고만 하고 불평만 하면, 하나님의 음성이 들리지 않습니다. 나의 내면을 잠잠히 해야 합니다. 이것이 바로 고독입니다. 떠들면 고독이 아닙니다. 불평하면 고독이 아닙니다. 내 마음의 내면이 잠잠히 외롭지만 홀로 있지만, 그 고독한 시간을 잠잠히 평안하게 유지할 때, 하나님이 나를 향해서 말씀하시는 외치시는 음성이 들려옵니다.

하나님이 주시는 용서의 선물

하나님은 이스라엘을 용서하신 후, 두 가지 선물을 말씀해 주십니다. 15절에 보면 **"거기서 비로소 그의 포도원을 그에게 주고 아골 골짜기로 소망의 문을 삼아 주리니 그가 거기서 응대하기를 어렸을 때와 애굽 땅에서 올라오던 날과 같이하리라"**고 기록합니다. 첫째, "너에게 줬지만 네가 관리하지 않아서 수풀이 우거진들 짐승들의 먹이가 되는 포도원을 내가 다시 너에게 줄 거야." 할렐루야! 하나님은, 말로 위로해서 영적인 숨을 튀어 줄 때, 우리에게 필요한 것을 준비하고 계십니다. "너에게 포도원을 줄 거야." 여기서 포도원은 하나님의 기업이고 자산입니다. 처음 우리에게 위탁하셨던 것입니다. 둘째, "지금 네가 처한 그곳이 아골골짜기와 같은 곳이라고 할지라도, 소망의 문이 되게 해 줄께!"라고 하십니다. 할렐루야! 어떠한 장소라도 하나님이 역사하시기만 하면, 그곳이 은혜의 장소가 되고, 그곳이 기적의 장소가 되고, 그곳이 하나님의 나라가 됩니다. 그런데 "애굽에서 올라올 때처럼"이라고 말씀하십니다. 이 말이 무슨 말인 줄 아십니까? 출애굽기 15

장 1-6절을 보면, 백성들이 기적적으로 홍해를 건넌 후에 그 하나님 앞에 노래를 지어서 만들어 부릅니다. '하나님은 나의 힘이시고, 하나님은 나의 노래시고, 하나님 나의 구원이십니다. 하나님은 나의 뿌리십니다. 하나님밖에 없습니다. 하나님이 우리의 하나님이십니다.' 이스라엘은 하나님을 얼마나 노래했는지 모릅니다. 이렇게 볼 때, '애굽에서 나왔을 때 나에게 응대한 것처럼 해주시겠다'는 것은, '이스라엘! 다시 너희들의 삶 속에서 내가 너희들의 삶의 전부가 되는 모습으로 바꿔 줄 거야!'라는 하나님 마음의 표현입니다.

용서의 목적

하나님은 이스라엘을 용서하시고 회복하시며 그 목적을 말씀해 주십니다. 용서가 최종 목적이 아닙니다. 용서와 회복을 통해서 하나님이 이루고자 하시는 것이 있습니다. 첫째, 바알의 이름을 저의 입에서 제거하여 준다는 것입니다. 이스라엘 스스로 제거할 수 없었던, 한쪽 입으로는 하나님을 부르고, 또 한쪽 입으로는 바알을 섬겼던 이스라엘, 그러나 하나님께서는 그들의 입에서 바알이라는 이름을 끊어주시겠다는 것입니다. 그리고 하나님만을 남편으로 영접하며 살아가게 해주시겠다고 합니다. 이것이 그들에게 복입니다. 그들의 힘으로 할 수 없는 것이었기 때문입니다.

둘째, 19절 20절에 보면 "내가 내게 장가들어 영원히 살되 의와 공변됨과 은총과 긍휼히 여김으로 내게 장가들리니 내가 여호와를 알리라" "내가 네게 장가들어"라는 표현은 매우 중요합니다. 장가든다는 말의 의미는, 순결한 처녀와 결혼하는 것을 뜻하는 단어입니다. 이혼했다가 재혼한다든지, 다시 받아줄 때 쓰는 단어가 아닙니다. 그렇다면 하나님은 왜 이 단어를 사용하시는 것일까요? 이스라엘은 다시 돌아온 백성인데. 그런데 왜 하나님은, 마치 새로운 순결한 사람과 결혼하겠다고 하는 이 단어를 사용하시는 것일까요? 그것은 이전에 더러워진, 이전에 하나님 뜻대로 살지 못했던 것들은 다 지워버리고, 다 제하여 버리고, 네가 돌아오기만 하면 마치 새로운 처녀와 처음 결혼하는 마음으로 내가 너에게 장가들겠다는 것입니다. 여러분 얼마나 위대한 복입니다. 이것이 용서의 목적입니다. 우리는 과거를 신경 쓰고, 과거의 상처를 마음속에 남겨둘 수 있지만, 하나님은 당신께로 돌아오기만 한다면, 하나님의 말씀을 통해서 위로받고 숨이 트이기만 한다면, 이전에 우리가 행했던 음란한 짓, 우리가 행했던 그 하나님을 배신했던 그 모든 행위는 잊어버리고, 지워버리고, 생각지도 않고, 새로운 처녀와 진실한 순결한 처녀와 하는 그와 같은 결혼을 우리와 해주시겠다는 것입니다. 할렐루야!

셋째, 하나님이 그토록 바라시는 결론입니다 "네가 여호와를 알리라" 이스라엘이 이렇게 망하게 된 것은, 여호와에 관한 지식이 없어서입니다. 여호수아 4장 1절에 보면, "이스라엘 자손들아 여호와의 말씀을 들어라. 여호와께서 이 땅 주민과 논쟁하시나니 이 땅에는 진실도 없고 은혜도 없고 하나님을 아는 지식도 없고"라고 기록하였고, 6절에는, "**내 백성이 지식이 없으므로 망하는 도다. 내가 지식을 버렸으니 나도 너를 버려...**" 그러므로 하나님께서 당신의 백성들을 용시하시고 회복시키시면서 가장 결론적으로 하기를 원하시는 것은, "네가 나를 여호와인 줄로 알리라"는 것입니다. 우리의 삶 속에서 그 하나님을 알아가는 것, 인정하면서 경험해가는 것, 이것이 하나님이 가장 바라시는 것입니다.

적용

'거친 들로 데려가서'라는 문구가 하나님의 가장 큰 은혜입니다. 지금 거친 들의 한중간에 계신 분이 있다면 명심해야 할 것이 있습니다. 거친 들에만 있다고 용서를 경험하고 회복을 경험하는 것이 아닙니다. 내면을 정리하고 고독을 경험해야 합니다. 외로움이 아니라 고독입니다. 고독이라고 하는 것은, 혼자 있는 외로움을 타서 불평하고 원망하는 시간이 아니라, 모든 것이 정화되고, 내면이 정리되어서, 하나님이 말씀하시면 들을 수 그 시간이 고독의 시간입니다. 그때 하나님의 음성이 들려집니다. 그 하나님의 음성을 들으며, 막혀 있던 하늘을 향한 숨이 터지는 위로가 경험되어야 합니다. 그때 하나님은 우리에게 다시 포도원을 주시고, 아골 골짜기를 소망의 문으로 만들어 주십니다. 그리고 하나님을 하나님으로 알고 고백할 수 있는 복을 주십니다. 이 놀라운 용서의 선물이 우리에게 있을 수 있기를 원합니다.

용서의 복음

초판 1쇄 발행 2024. 06. 27.

지은이   하도균
펴낸이   방주석
펴낸곳   도서출판 소망
주 소   10252 경기도 고양시 일산동구 고봉로 776-92
전 화   031-976-8970
팩 스   031-976-8971
이메일   somangsa77@daum.net
등 록   (제48호) 2015년 9월 16일

ISBN   979-11-981157-9-9 03230
책값은 뒤표지에 있습니다.

나의 힘이신 여호와여 내가 주를 사랑하나이다(시 18:1)